LÉGENDES

DES PLANTES

ET

DES OISEAUX

PAR

XAVIER MARMIER

DE L'ACADÉMIE FRANÇAISE

PARIS

LIBRAIRIE HACHETTE ET Cie

79, BOULEVARD SAINT-GERMAIN, 79

1882

LÉGENDES
DES PLANTES
ET DES OISEAUX

8° S
2901

OUVRAGES DE M. XAVIER MARMIER

PUBLIÉS PAR LA MÊME LIBRAIRIE

Lettres sur le Nord; 5e édition. 1 vol.

Les fiancés du Spitzberg; 4e édition. 1 vol.

Ouvrage couronné par l'Académie française.

Les hasards de la vie; 2e édition. 1 vol.

En Alsace : L'avare et son trésor. 1 vol.

Gazida, fiction et réalité. 1 vol.

Ouvrage couronné pa rl'Académie français.

Hélène et Suzanne. 1 vol.

Histoire d'un pauvre musicien. 1 vol.

Mémoires d'un orphelin. 1 vol.

Sous les sapins, nouvelles du Nord. 1 vol.

Un été au bord de la Baltique et de la mer du Nord. 1 vol.

De l'est à l'ouest. 1 vol.

En Amérique et en Europe. 1 vol.

L'arbre de Noël. 1 vol.

Les voyages de Nils à la recherche de l'idéal. 1 vol.

Robert Bruce; comment on reconquiert un royaume. 1 vol

Les âmes en peine, contes d'un voyageur. 1 vol.

En pays lointains. 1 vol.

Nouveaux récits de voyage. 1 vol.

Contes populaires de différents pays. 1 vol.

Nouvelles du Nord. 1 vol.

Prix de chaque ouvrage, broché, 3 fr. 50.

5771. — Imprimerie A. Lahure, rue de Fleurus, 9, à Paris.

LÉGENDES

DES PLANTES

ET

DES OISEAUX

PAR

XAVIER MARMIER

DE L'ACADÉMIE FRANÇAISE

PARIS

LIBRAIRIE HACHETTE ET Cie

79, BOULEVARD SAINT-GERMAIN, 79

1882

LÉGENDES DES PLANTES

LÉGENDES DES PLANTES

The black diamonds. Les diamants noirs. C'est ainsi que les Anglais désignent les masses de charbon enfouies dans les entrailles de la terre, vrais diamants, en effet, plus précieux que ceux dont les orfèvres font des bracelets, des colliers et des diadèmes tant convoités. Si l'on ne découvrait plus de mines de brillants, ni de saphirs, il y aurait seulement moins d'éclatantes parures. Mais si les houillères étaient épuisées, quel bouleversement! Plus de machines expéditives, plus de gaz, plus de chemins de fer, ni de bateaux à vapeur. Il faudrait en revenir au quinquet de nos pères et à leurs lents véhicules. Les filateurs ne pourraient plus mettre en mouvement tant de bobines, ni les tisserands faire tourner si vite tant de rouages. Les commis voyageurs, dont la besogne politique s'accroît avec les révolutions, seraient obligés de remonter sur l'impériale des diligences, pour chanter la *Marseillaise*, ou quelque autre hymne édifiant. Et les publicistes, ces chênes de Dodone, ces Calchas des combats parlementaires, ces prophètes des temps modernes, ces précepteurs de l'humanité, si sûrs de leur science et si dévoués à cette belle chose qu'ils appellent le progrès social, grâce à d'ingénieur mécanismes, ils tirent en quelques instants des milliers et des milliers d'exemplaires de leurs journaux. Sans la vapeur, ils ne pourraient si promptement éclairer le monde.

Par la privation d'un amas de matières noires, nous serions ainsi dépossédés de nos grands moyens d'action, nous retomberions de la hauteur de nos découvertes, des succès de notre génie, dans le pénible labeur, dans l'ignorance et la misère.

Quel vaillant esprit ne frémirait à l'idée d'une telle catastrophe?

Rassurons-nous.

Sur divers point du globe, on découvre fréquemment de nouvelles couches de houille. Celles d'Europe sont nombreuses et profondes, et je me plais à croire que celle de Ronchamp, dans mon pays de Franche-Comté, n'est pas à dédaigner.

L'Angleterre, qui tire de ses *collieries* soixante et dix millions de tonnes par année, en a encore pour dix siècles[1]. Dans dix siècles, que sera le monde? Y aura-t-il encore un monde? Avec les chaudières qu'on y chauffe et les cerveaux incandescents qui le conduisent, peut-il rester dans son orbite?

L'histoire de la botanique commence à ces gisements souterrains où l'on trouve les vestiges des végétations primitives, les résidus carbonisés d'une immense quantité de fougères arborescentes, de mousses, de tiges de conifères ensevelies et étagées les unes sur les autres par diverses révolutions géologiques en un long espace de temps[2].

A des centaines et des centaines de pieds au-

1. Mary Sommerville, *Physical Geography*, page 210.
2. On ne compte dans ces carbonisations pas moins de 850 es-

dessus de cette végétation morte, à la surface de la terre, s'élève notre végétation vivante.

Comme les cieux, elle raconte par ses magnificences la gloire de Dieu[1].

Dieu dit : Que la terre produise les plantes verdoyantes avec leur semence pour se reproduire sur la terrre. Et il en fut ainsi.

La Bible, le divin poème, raconte ainsi en quelques lignes la troisième œuvre de la création. Mais les explorateurs de chaque région, les Linné, les Jussieu de tous pays, les livres et les manuscrits entassés dans les bibliothèques ne suffisent pas pour nous faire connaître cette richesse de la terre, son étendue, ses variétés, ses prodigieux contrastes.

Il n'y a rien de si exigu dans le règne animal et rien de si grand.

Sur les rocs apparaît comme une poussière blanche ou jaunâtre, le lichen, ce premier élément de végétation.

Sur les pentes de la Sierra Nevada, dans la Californie, les *big trees* s'élèvent dans les airs

pèces de différentes plantes, dont 250 de fougères gigantesques. B. Brewer. *Theolog in science*, page 48.

1. *Cœli enarrant gloriam Dei.* Psaume 18.

à 350 et 400 pieds de hauteur, presque aussi haut que la flèche de notre chère cathédrale de Strasbourg[1]. De l'écorce prise à la base d'un de ces colosses, on a fait une chambre assez vaste pour que quarante personnes puissent s'y asseoir aisément autour d'un piano.

A Ceylan est le talipot dont les feuilles sont si larges qu'une seule suffit pour abriter une douzaine d'hommes; en Sénégambie le baobab surnommé l'*adansonia*, en mémoire de notre célèbre botaniste Adanson, qui le premier l'a décrit.

Le baobab ne s'élève pas très haut, mais sa tige est d'une grosseur énorme. Sur les bords de la Gambie, M. de Golbery en a vu un qui avait cent quatre pieds de hauteur. Les branches principales s'étendaient horizontalement sur une longueur de cinquante pieds, puis sur une longueur encore de huit pieds s'inclinaient vers la terre. Dans son tronc creusé par le temps s'ouvrait une grotte de vingt-deux pieds de hauteur et de vingt pieds de diamètre.

1. Elle a été, cette admirable flèche, mesurée deux fois. Les deux calculs ont donné le même résultat, 429 pieds et quelques pouces. — F. Piton, *la Cathédrale*, page 118.

C'était le salon des nègres de la vallée. Ils s'y réunissaient matin et soir pour fumer leurs pipes[1]. En Europe, nous avons aussi quelques arbres d'une assez belle dimension : dans le Wurtemberg, le chêne de Neustadt, dont le couronnement décrit une circonférence de quatre cents pieds. A Saintes, dans la Charente-Inférieure, un chêne qui s'élève à soixante pieds de hauteur et dont la base a vingt-sept pieds de diamètre.

Autour de nous, dans nos bois, dans nos champs, combien de fleurs frêles, minimes, presque imperceptibles, et sur les fleuves de la Guiane, la *Victoria regia* étale une corolle d'un mètre de circonférence, et dans les îles de la Sonde la *Raflesia Arnoldi* a trois pieds de diamètre.

Prodigieux par dessus tout sont les contrastes de fragilité et de longévité dans l'existence des végétaux!

Rien de si éphémère dans le règne animal, et rien de si durable.

1. K. Müller. *Les Merveilles du monde végétal*, tome I, page 281. Xavier Golbéry, *Fragments d'un voyage en Afrique*, tome I, page 73.

Il y a une multitude de petites plantes dont la mort suit de près la naissance. Mais nos ifs, nos noyers, nos chênes, nos tilleuls, comme ils vivent !

Qu'est-ce que la vie de l'homme comparée à celle de ces patriarches, debout, pleins de sève verts et fructueux pendant des siècles !

De la fondation de Rome à la chute de Romulus Augustulus, on ne compte que 1224 ans. Le châtaignier de l'Etna, qu'on nomme en Sicile *Castagno di cento cavalli*, date de plus de trois mille ans.

O vanité des grandeurs humaines !

Au quatrième siècle avant l'ère chrétienne, le figuier de Nerbuddah a vu passer dans la région indienne, Alexandre avec ses phalanges victorieuses.

Depuis longtemps l'empire d'Alexandre s'est écroulé, et l'empire de Charlemagne et de Gengiskan, et bien d'autres. Le figuier subsiste encore.

En Angleterre, dans le comté de Kent, il y a un if dont l'existence remonte bien au delà de l'invasion des Normands, du règne de Canut, et des premières légendes britanniques.

Dans le cimetière de Santa Maria de Tecla au Mexique, est un cyprès auquel M. de Candolle, le célèbre botaniste, attribue l'âge de six mille ans[1].

L'âge du monde !

Dans un jardin de l'île de Ténériffe, on peut voir encore les restes d'un dragonnier qui, selon M. de Humboldt, aurait vécu dix mille ans[2].

Vieilles et jeunes, grandes et petites, toutes les plantes sont les ouvrières de l'homme.

Dans le monde des animaux, le pouvoir de ce despote n'est pas toujours facile à établir. Les lions se croient plus maîtres que lui. Les tigres lui font peur. Les rhinocéros et les hippopotames le traitent très rudement ; les éléphants, avant d'être apprivoisés, sont fort peu courtois, et le buffle même, s'il en trouve l'occasion, ne craint pas de donner à ce souverain un coup de corne ; le cobra capello dans les jungles de l'Inde, le crocodile sur les rives du Nil, le morse et la baleine dans les mers du Nord, sont aussi très rebelles à ses volontés.

Mais, dans le monde vegétal, l'homme peut se croire réellement le roi de la création. Là, il n'a

1. M. Sommerville, *Physical Geography*, page 420.
2. Jules Leclerc, *Voyages aux Iles-Fortunées*, page 86.

qu'à prendre. Pas une plante ne lui résistera. Toutes travaillent pour lui, pour satisfaire à ses besoins, à ses passions, à ses fantaisies.

Elles le nourrissent et l'abreuvent.

Elles lui donnent les vêtements les plus usuels et les plus somptueux, les tissus de chanvre et de coton, le lin des fines dentelles, la soie et sa teinte d'azur par l'indigo, ou sa pourpre superbe. Sans le mûrier blanc, pas de vers à soie; sans le cactus, pas de cochenille.

Les plantes donnent à l'homme du bois pour construire sa demeure, du bois pour se chauffer, du bois pour ses meubles de luxe et ses diverses industries, des voiles et des cordages pour ses navires, du papier pour ses livres et ses écrits de chaque jour, des huiles pour assaisonner ses aliments, éclairer ses veilles, adoucir ses plaies. Elles lui donnent les suaves parfums, les fruits savoureux, les sucs hygiéniques.

Dans la stupéfiante exubérance des régions tropicales, dans l'amoindrissement des régions tempérées, dans le dépérissement des zones boréales, d'une des extrémités à l'autre du globe, il n'est pas une plante magnifique ou chétive qui n'ait son utilité.

L'ombu de la Plata ne produit aucun fruit et ne peut être employé, ni comme bois de construction, ni comme bois de chauffage. A quoi sert-il? De distance en distance, à travers les pâturages des pampas, il étend ses larges rameaux et sert de refuge aux voyageurs et aux animaux fatigués par la chaleur.

Le coca n'est qu'un modeste arbuste de cinq à six pieds de hauteur. Mais la mastication de ses feuilles rafraîchit et fortifie les Indiens dans leurs excursions et leurs travaux sur les Cordillières.

Dans les déserts de l'Afrique méridionale, sur le sol le plus aride, au milieu des sables brûlants, on trouve une plante bulbeuse, qui n'est ni belle, ni brillante. Mais elle renferme un suc rafraîchissant et le voyageur torturé par la soif, la bénit[1].

Dans nos campagnes, l'ortie dont nous redoutons les aiguillons visqueux, nous semble une très mauvaise plante. Les laborieux paysans de la Suède la cultivent. On la taille comme le chanvre et, en certain cas, elle est employée comme médicament.

1. G. Cumming, *Aventures in the far interior of south Africa*, page 77.

Le cochlearia, cette petite plante des terrains humides et froids, est recherché avec avidité par les marins qui naviguent dans les parages du Nord. C'est un remède pour le scorbut.

Le lichen, si pauvret qu'il soit en apparence, n'est pas non plus à dédaigner. Certains lichens produisent la belle couleur rouge violacée qu'on appelle l'orseille[1]. Les lichens d'Islande sont très bien notés par les médecins. Au delà d'Uméo, une grande partie de la Laponie, si j'en juge par l'impression que j'en ai eue, est totalement incultivable. Les lichens dont son sol est parsemé nourrissent le renne, et les rennes suffisent aux besoins des Lapons.

Quelques naturalistes prétendent que la manne des Israélites dans le désert était une espèce de lichen : la Parmelia esculenta[2].

Les plantes les plus dangereuses peuvent nous être aussi très utiles.

Du manioc vénéneux, les Indiens extrayent une farine nutritive.

La digitale, la belladone, la noix vomique, ces

1. Ed. Grimard, *l'Esprit des plantes*, page 72.
2. H. Bocquillon, *La Vie des plantes*, page 13.

violents poisons, deviennent, avec d'intelligentes précautions, des remèdes efficaces.

L'opium même, qui abrutit le Chinois, l'opium qui tue, peut souvent être heureusement employé. Il endort la douleur. L'opium, a dit le célèbre médecin Sydenham, est un bienfait de la Providence.

Par malheur, l'homme, dans le dérèglement de ses passions sensuelles, fait aussi un funeste usage des plantes salutaires, une boisson enivrante du riz, de la canne à sucre, du palmier, du genévrier, de la pomme de terre.

Les plantes cependant lui donnent d'utiles enseignements et de nobles émotions.

L'acanthe a servi de modèle à Callimaque pour le chapiteau corinthien.

Nos grands bois, par l'élancement de leurs tiges, par le croisement de leurs rameaux, n'ont-ils pas inspiré aux Erwin de Steinbach l'idée de l'architecture gothique, et quand nous pénétrons sous leurs voûtes solennelles notre âme n'est-elle pas saisie d'un sentiment poétique et chrétien?

J'ai contemplé avec respect les chênes séculaires qui s'élèvent sur les rives du Mississipi. De leurs rameaux pendent de longs flocons de mousse comme des barbes blanches. Jadis, dans leur vallée déserte, ils ont vu passer le père Marquette et Jolliet, qui, du Canada, s'en allaient avec leur frêle canot d'écorce à la découverte de la Louisiane. Maintenant ils assistent dans leur muette majesté aux impétueuses évolutions, au tumulte des bâteaux à vapeur.

J'ai contemplé avec un indicible enchantement la prodigieuse végétation des Antilles.

Mais il n'est pas nécessaire d'aller si loin pour connaître la magie des bois. Je me rappelle les heures de rêverie que j'ai passées sur le plateau d'une montagne qui domine la vallée de Morteau, en de beaux jours d'été. Le terrain de ce plateau, semblable à une esplanade, est revêtu d'une mousse fine et veloutée, parsemé de fraisiers, de petites campanules bleues et jaunes et d'une quantité de ces jolies herbes lustrées à trois feuilles arrondies, qui ressemblent à des trèfles et auxquelles les enfants donnent le nom de pain du coucou. Autour de ce charmant tapis s'élèvent, comme des colonnes de marbre, comme des monolythes gigantesques, les tiges de sapins. Leurs cimes pyramidales montent jusqu'aux nuages; leurs rameaux inférieurs se rejoignent et s'entrecroisent comme les nervures des églises. Les hommes ne peuvent construire un temple d'un aspect si auguste.

A travers les petites pointes aiguës et les réseaux de verdure des branches entrelacées, la lumière du soleil tombe dans ce temple solennel comme une poudre d'or et de diamants. Le matin les oiseaux y gazouillent leurs chants d'amour; le grillon et la cigale s'éveillent avec leurs cris joyeux, le coucou y répète d'une voix grave et sonore ses accents prophétiques; le papillon y voltige sur les fleurs rafraîchies par la rosée; les petits scarabées qu'on appelle les bêtes du bon Dieu y déploient leurs ailes d'azur ou d'émeraudes, et les touffes de thym, les violettes cachées sous l'herbe, les gentianes aux yeux bleus, les clématites suspendues aux troncs des arbres, les pommes de pin résineuses, les bouquets d'aubépines dilatés par les premiers rayons du jour s'ouvrent comme des encensoirs et répandent dans les airs leurs doux parfums.

Le soir, tout se tait, tout est endormi sous la feuillée. Ces grands bois alors ressemblent à un mystérieux sanctuaire où l'homme ne peut pénétrer sans être saisi d'une crainte religieuse.

Dans l'ombre qui les enveloppe, la lune projette une lueur pâle comme celle d'une lampe d'albâtre.

Dans le silence de ces voûtes profondes, on n'entend que la vibration des cloches de village qui annoncent l'heure de la prière, ou le souffle du vent qui soupire et gémit comme l'orgue des grandes cathédrales.

Saint Bernard disait que ses maîtres avaient été les chênes et les hêtres.

Ceux qui vivent avec une pensée religieuse dans la solitude et le calme champêtre comprendront cet hommage aux arbres.

Et les fleurs !

Un écrivain a dit que les oiseaux sont les musiciens du pauvre. On peut dire aussi justement que les fleurs sont sa vivante poésie. N'y a-il pas entre les fleurs et les oiseaux une sorte de parenté? La jolie fable de *Gul et Bulbul* n'est-elle pas un ingénieux emblème de cette affinité? Comme les oiseaux en tous pays, les fleurs égayent le pâtre dans son isolement, le voyageur sur son chemin, l'ouvrier dans sa mansarde.

Jusque dans l'aridité de la cime des montagnes, le botaniste peut découvrir une jolie fleur : la cotonnière qu'on appelle aussi le *pied de lion* et *l'Edelweiss.*

Délicate et frileuse, elle s'enveloppe d'un triple duvet et ne s'épauouit que sur les rocs exposés en plein midi.

Comme les oiseaux, elles sont les messagères et les images colorées des diverses saisons. Celles-ci apparaissent au printemps avec les hirondelles; celles-là s'épanouissent au soleil d'été, tandis que tout vibre et que tout chante autour d'elles; d'autres annoncent l'automne, comme les pigeons nomades; d'autres l'hiver avec les corneilles, et lorsque, après la fonte des neiges, on les voit renaître sur le sol reverdi, on croirait que pendant la froide saison elles ont, comme les oiseaux, émigré en de plus chauds climats.

Dès notre premier âge, les fleurs attirent nos regards et occupent notre attention. Plus tard, elles se lient aux diverses péripéties de notre vie. C'est avec un bouquet de fleurs que nous célébrons dans notre enfance un joyeux anniversaire; c'est le don d'une fleur qui dans notre jeunesse nous fait palpiter le cœur par l'espoir d'un doux amour; c'est une couronne de fleurs qui orne la tête de la fiancée au jour du mariage.

Hélas! ce sont des fleurs que nous déposons sur la tombe de ceux que nous avons aimés.

« Pour les enfants des Alpes, dit un aimable écrivain, le rhododendron, c'est la patrie. N'envoyez point cette fleur à ceux qui vivent à l'étranger. Comme *le ranz des vaches* elle donne le mal du pays[1]. »

Un poète américain a fait toute une belle page d'histoire naturelle par quelques strophes qu'il intitule *la Chanson du gazon :*

« Je vais croissant, croissant partout ; sur les bords de la route poudreuse, sur les flancs de la colline, sur les rives du ruisseau bruyant, sous les rameaux des bois.

« Je vais croissant, croissant partout autour de la porte ouverte où s'assoit le pauvre vieillard, où les enfants s'amusent par un beau jour de mai.

« Je vais croissant, croissant partout dans les rues de la tumulteuse cité récréant par ma verdure les regards du malade et ceux du laborieux artisan.

« Je vais croissant, croissant partout; vous ne me voyez pas venir, vous n'entendez pas ma voix

1. L. Rambert, *Les Alpes suisses*, t. I. page 206.

légère. Je m'avance dans l'ombre des nuits et à la lueur de l'aube.

« Je vais croissant, croissant partout; sur le sol où reposent les morts, je grandis en silence, je décore au printemps leurs fosses humides, leur étroite et muette demeure.

« Je vais croissant, croissant partout; je chante les louanges de Dieu qui me fit naître, qui m'ordonna de parer la terre et de croître partout, partout. »

Ainsi les plantes croissent autour de nous et s'associent aux diverses phases de notre vie, plus peut-être que nous ne le pensons.

La plante n'est pas une matière inerte. Elle n'a, il est vrai, ni la faculté de locomotion, ni l'actif instinct de l'animal. Mais elle boit, elle mange, se développe, se reproduit et meurt comme l'animal. Tant qu'elle existe, la sève circule dans ses ramilles, comme le sang dans les veines de l'animal. Comme l'animal, elle respire et transpire[1]. Elle a comme lui son

1. Des expériences faites par Hales, le célèbre naturaliste du dix-huitième siècle, il résulte qu'un pied d'héliante transpire dix-sept fois plus que l'homme et que la sève monte dans la vigne avec vingt fois plus de force que le sang ne circule dans l'artère crurale du cheval.

temps d'hibernation et ses heures de sommeil.

Dans les soirs d'été, les prairies de trèfles ressemblent à de vastes dortoirs où chacune de ces gentilles légumineuses rapproche fort soigneusement ses deux folioles latérales, puis replie au-dessus d'elles la feuille terminale qui les recouvre comme une tente[1]. Au coucher du soleil, les folioles de la fève s'inclinent si sensiblement que Pythagore les a crues vivantes, et, dans la pensée qu'elles avaient une âme, il défendit à ses disciples d'en manger comme il avait fait pour les animaux[2].

La marguerite de nos champs s'endort à la fin de la journée comme une honnête villageoise et n'ouvre ses jolis yeux qu'aux rayons du matin. D'autres fleurs, assoupies dans le jour comme nos belles mondaines, n'étalent leur parure et n'exhalent leurs parfums que pendant la nuit.

Chaque plante a besoin d'un aliment particulier. Elle le cherche par ses racines avec une volonté manifeste et une réelle persévérance[3]. Si elle ne réussit point dans ses tentatives, elle

1. Ed. Grimard, l'*Esprit des plantes*, page 25.
2. E. Noël, La *Vie des fleurs*, page 70.
3. A. Boscowitz, L'*Ame de la plante*, page 54.

dépérit. L'hortensia, l'azaléa, le maïs et d'autres végétaux tombent dans un état d'anémie si, à l'endroit où ils sont semés, ils n'atteignent pas l'élément ferrugineux qui leur est nécessaire. La multiplicité de certaines plantes en un même lieu dénote la nature du terrain. Les mineurs de Belgique et d'Allemagne disent que là où croît la violette calaminaire, on est sûr de trouver du minerai de zinc[1].

La lumière est également nécessaire aux plantes. Si elles en sont écartées, elles s'efforcent de la retrouver. On en peut compter un grand nombre qui, par leurs diverses évolutions, suivent, comme l'héliante du matin au soir, le cours du soleil[2]. La pomme de terre, qui germe au fond d'une cave, étend sa tige vers le soupirail où apparaît la bienfaisante clarté. Dans les forêts, on peut voir des rivalités, des compétitions comme dans nos foules d'ambitieux aspirant à un emploi lucratif ou à quelque dignité; des arbustes et des arbres qui, au sein du taillis serré, s'élancent, s'allongent, s'étirent pour ar-

1. H. Bocquillon, *La Vie des plantes*, page 274.
2. Bocquillon, *La Vie des plantes*, page 98.

river plus vite que leurs voisins, et plus largement, si c'est possible, au grand air et au soleil.

Les plantes ont comme nous des animadversions et des sympathies. Il en est qui ne peuvent souffrir le voisinage de certaines herbes et vivent en très bonne intelligence avec d'autres. Il en est qui se complaisent dans l'isolement, dans le silence du désert; dans la pure atmosphère de la montagne : la rose des Alpes s'épanouit sur une tige lisse sans aiguillon. Elle devient épineuse, si on la transporte dans la vallée[1].

Bien d'autres observations démontrent l'impressionnabilité de la plante.

Voici l'Eschscholtzia qui se ferme quand passe un nuage, et une quantité d'autres végétaux qui pour les gens de la campagne sont des baromètres plus vivaces et plus sûrs que ceux de nos opticiens. Si les trèfles replient tout à coup leurs folioles, il faut s'attendre à un orage; si

1. « On trouve, dit un spirituel et sagace écrivain, des familles de plantes livrées à la mélancolie, de même qu'il y en a de joyeuses au regard. On en voit de timides, d'ardentes, d'ambitieuses. Quelques-unes vivent solitaires et il y en a qui ne vivent que par sociétés nombreuses. Un esprit observateur réussirait peut-être à classer les plantes d'après leurs caractères moraux. » (E. Noël, *la Vie des fleurs*, page 102.)

les fleurs des soucis et des laitrons ne s'ouvrent pas dès le matin, c'est un signe certain que la pluie tombera dans la journée.

Voici la *Primosa pudica* qui se resserre au moindre contact, qui se resserre aussi avec une crainte d'enfant aux premiers cahots d'une voiture, puis se dilate comme si elle réfléchissait qu'il n'y a nul danger en ce mouvement.

Voici la dyonée qui, par sa subite compression, capture les imprudents insectes attirés au fond de son calice par son miel.

Voici la valisneria, la belle fleur du Rhône, qui monte à la surface de l'eau pour se marier pompeusement au grand jour, et le mariage conclu, redescend dans le silence de sa retraite aquatique[1]. « Horace, dit Hamlet, il y a dans le ciel et sur la terre plus de choses mystérieuses que notre philosophie n'en peut rêver[2]. »

Il y a dans le moindre végétal des merveilles que l'orgueilleuse science ne peut expliquer, mais qui donnent à l'honnête crédulité d'agréables rêveries.

1. Darwin, *The Loves of the Plants*, Canto, 1.
R. R. Cartel, *les Plantes*, Chant 1.
2. Shakespeare, *Hamlet*, Acte I, scène V.

Je connais des braves gens pleinement convaincus que les végétaux ont une langue à eux, dans laquelle ils conversent tout à leur aise, comme les Allemands, dont un voyageur français disait au siècle dernier, avec une bienveillante intention :

« Ils parlent un dialecte étrange, mais ils se comprennent entr'eux. »

Si les arbres ne causent pas si aisément, ils ont pourtant une voix sonore, expressive, dont les notes tendres ou plaintives tiennent une grande place dans les harmonies de la nature.

Qui de nous ne s'est plu à écouter leur doux susurrement quand leurs feuilles se balancent au souffle d'une brise printanière en une belle matinée, et qui de nous n'a entendu avec une douloureuse émotion leurs gémissements lorsque le vent d'hiver ou le vent d'orage courbe leurs cimes et leurs rameaux ? N'y a-t-il pas en eux un vrai sentiment de joie et d'espoir quand leurs branches reverdissent, quand les oiseaux reviennent chanter sous la feuillée, et un vrai sentiment de deuil et de crainte quand l'automne les dépouille et quand le froid arrête le cours de leur sève?

Plus heureux que nous, cependant, à chaque printemps, ils ont une nouvelle vie, et nous, à chaque printemps, nous sommes un peu plus vieux.

Des naturalistes, qui ont patiemment étudié sur différents points la plante, n'hésitent pas à lui accorder une âme[1].

Si considérable que soit l'autorité de M. Martius, le savant botaniste[2], et celle de M. Th. Fechner, le hardi philosophe, on n'admettra pas aisément leur croyance.

Cependant les végétaux ont la vie, la faculté de reproduction, un certain mouvement et des sensations multiples. Pourquoi pas le souvenir?

Dieu en a fait les plus indispensables auxiliaires, les premiers serviteurs de l'homme. N'y-a-t-il pas entre eux et l'homme, d'autres rapports que ceux de la vie matérielle, un lien idéal, une mystérieuse affinité pour les enfants?

Ah! je songe à un sapin de la montagne près

1. A. Boscowitz, L'*Ame de la plante*, page. 6.

2. On lui doit un superbe ouvrage sur le Brésil. *Reise in Brasilien in den Jahren*, 1817 *bis*, 1820, 3 vol. in-4°. Munchen, 1824-1831, et trois autres magnifiques Études de botanique en latin.

de ma ville natale. Il m'a vu dans mon enfance et dans ma jeunesse. Quand je retourne m'asseoir sur la mousse qui l'entoure, il me semble qu'il me reconnaît, et qu'il étend avec une affectueuse réminiscence ses verts rameaux sur mes cheveux blancs.

Le sapin est l'arbre providentiel des régions montagneuses. Il n'allonge pas de côté et d'autre ses branches comme le chêne et le tilleul. Il croît verticalement. Cette croissance verticale est la seule qui permette aux troncs de se serrer les uns contre les autres et de s'appuyer réciproquement pour opposer à l'avalanche et à la tourmente une résistance plus efficace.

« Les sapins forment, dans le Jura, de grandes forêts qui revêtent d'un épais manteau les flancs des vallées et les croupes des avant-monts. Quelquefois ils couronnent les arêtes et les hérissent de pyramides et de clochetons découpés à jour. Souvent ils s'avancent en longues files sur les corniches des rochers et s'appliquent si bien contre la paroi qui les abrite, qu'à les voir d'en bas, on les y croirait incrustés.

« Les forêts de vieux sapins ont une sorte de grandeur austère et solennelle qui ne peut inspirer que de graves méditations. Quand le vent souffle, on ne voit dans ces épaisses forêts ni feuilles qui tremblent, ni branches qui se tordent. Mais la masse entière ondule et se balance. D'un bout à l'autre c'est le même mouvement et la même plainte. Ces milliers de grands arbres plient et se relèvent, et gémissent ensemble comme s'ils n'avaient qu'une voix et qu'une âme[1]. »

Tous les anciens peuples ont eu pour certaines plantes un respect particulier, ou un culte superstitieux. Aux yeux des Arians et des Perses, l'arbre par son printemps, son été, son automne, apparaissait comme l'image de l'existence humaine, et par la continuité de sa vie sous le linceul de l'hiver, comme un symbole d'immortalité[2].

Les Indiens[3] adorent le lotus d'où est issu Brahma, l'herbe Darba enfantée par Vichnou, et l'arbre Assouta consacré au même dieu[4].

Les Égyptiens adoraient aussi la Nymphæa du

1. L. Rambert. *Les Alpes suisses*, tome 1, page 172.
2. K. Schwenck, *Mythologie der Perser*, page 242.
3. L'abbé Dubois, *Mœurs, institutions et cérémonies du peuple indien*, tome II, page 450.
4. Docteur Bohlen, *Das alte Indien*, tome I, page 164.

Nil, et Juvénal a signalé en un vers mordant leurs autres déifications[1].

Chacun sait comment les arbres et les fleurs on été poétisés par la Grèce. J'avoue que j'ai peu de goût pour ses métamorphoses et ses personnifications. Il me semble que les Dryades et les Hamadryades décomposent les charmes réels de la forêt et lui enlèvent sa majesté. Dans un autre ordre de fictions, je n'éprouve nul agrément à me figurer l'anémone produite par le sang d'Adonis, ni même la rose blanche teinte en rouge par le sang de Vénus.

Chacun sait le religieux sentiment des vieux Gaulois, des vieux Germains pour les grand bois.

La mythologie allemande, telle que nous la connaissons par le savant travail de Grimm, a le même caractère que la mythologie scandinave et nous représente la plupart des mêmes types.

Dans l'Edda scandinave, le frêne Yggdrasil est l'image du temps et de l'univers. Ses pieds descendent dans les entrailles de la terre; ses rameaux couvrent le monde entier, sa tête s'élève jusqu'au ciel. Trois racines immenses le sou-

1. O sanctas gentes quibus hæc nascuntur in hortis
Numina!

tiennent; la première touche aux enfers, la seconde au pays des géants; la troisième à la demeure des dieux.

Une grande source l'arrose, et près de cette source sont les trois nornes, les trois Parques : *Urd, Verdandi, Shuld*, (Passé, Présent, Avenir). Elles tiennent entre leurs mains le fil de la vie humaine; elles le tordent entre leurs doigts osseux; elles le roulent sur leur rude quenouille; elles le coupent avec des ciseaux de fer. Près de l'Yggdrasil, il y a encore deux cygnes qui chanteront un jour son chant de mort, et quatre cerfs qui se partagent ses feuilles, comme les quatre saisons se partagent l'œuvre du temps.

Les voisins des Scandinaves, les pauvres Lapons à qui il n'a pas été donné de voir grandir sur leur sol un beau frêne, se sont prosternés devant des arbustes d'une forme bizarre et se sont fait de leurs bâtons runiques des instruments de sorcellerie.

Dans l'Amérique du Nord, des peuplades de Peaux rouges se font encore des amulettes et des manitous avec des branches d'arbres.

Dans notre Europe chrétienne, au moyen âge, on attribue à diverses plantes une puissance surnaturelle, quelquefois funeste, plus souvent bienfaisante. Par la poésie et les contes populaires, plusieurs de ces naïves fictions se sont transmises de génération en génération jusqu'à nous.

Dans les montagnes de la Franche-Comté, aux veillées d'hiver, on parle encore de l'herbe des voleurs qui ouvre toutes les portes, comme le Sézame des *Mille et une Nuits*, de l'herbe satanique dont le suc donne aux sorciers la faculté de chevaucher dans les airs sur un manche à balai pour se rendre au sabbat; de l'herbe maudite qui égare le voyageur, l'entraîne de détour en détour loin de son but jusqu'à ce qu'il tombe épuisé de fatigue[1].

Il y a aussi des fleurs et des fruits dont on compose les philtres qui enfantent les plus ardents désirs et démoralisent l'innocence[2].

Mais il y a les plantes salutaires qui écartent du foyer les méchants esprits et protègent la maison contre l'incendie.

Il y a l'aubépine, qui est un excellent remède

1. *L'irrwurz* en Allemagne.
2. Aug. de Gubernatis, *La Mythologie des plantes*, page 134.

pour les morsures de vipères[1]; le noyer, qui guérit des empoisonnements, et qui fut, dit-on, un des antidotes de Mithridate[2]; le noisetier, le *corylus* de l'antiquité. Il aide à découvrir, dit Pline, les sources souterraines. Philis, dit Virgile, aime les noisetiers, et tant qu'elle les aimera, Corydon les préférera au myrte et au laurier. Pour les anciens Germains, le noisetier, qui refleurit dès la fin de l'hiver, était un signe d'immortalité.

Ils le considéraient aussi comme un symbole des heureux mariages en raison des noisettes que l'on voit unies deux à deux sur ses rameaux[3]. On croit encore que l'humble arbuste épouvante les serpents. Une tradition irlandaise rapporte que saint Patrice tenait une baguette de coudrier à la main lorsqu'il réunit sur le promontoire de Cruachan Phadruig toutes les bêtes venimeuses de l'île et les précipita dans la mer[4].

Bien avant l'apôtre irlandais, notre père Adam opérait avec une branche d'arbre d'autres pro-

1. Aug. de Gubernatis, *Mythologie des plantes*, page 128.
2. Pline, XXIII, 77.
3. R. Von Perger, *Deutsche Pflanzensagen*, page 242.
4. Ed. Swift, *The life and acts of Saint-Patrick*, page 226.

diges. Dieu en le bannissant du paradis terrestre, lui avait, dans sa miséricorde, accordé le pouvoir de produire instantanément les animaux dont il aurait besoin, en frappant la mer avec une baguette. Un jour, Adam fait cet essai et produit la brebis. Ève veut l'imiter, mais son coup de baguette enfante un loup qui se jette sur la brebis. Adam se hâte de reprendre son salutaire instrument et produit le chien qui maîtrise le loup[1].

Quelques plantes sont devenues célèbres par un nom, par un fait historique; trois entre autres :

Le chêne de saint Louis à Vincennes. Il n'existe plus et elle n'existe plus la justice paternelle sur laquelle il inclinait ses rameaux.

Le chêne de Boscobel, où Charles II se réfugia après la bataille de Worcester, où il déjeunait et dînait au milieu de l'épais feuillage, tandis qu'à ses pieds erraient les soldats républicains envoyés à sa poursuite, si désireux de le prendre[2].

Le tilleul de Fribourg. Il date d'un des jours de gloire de l'Union helvétique. Après la célèbre

1. O. Delapierre, Introduction au roman du renard, page 57.
2. J. Hughes, *The Boscobel tracts*, page 99.

journée de Morat, qu'on a comparée à celle de Marathon, un jeune Fribourgeois, voulant être le premier à annoncer à ses concitoyens la déroute des Bourguignons, courut, sans s'arrêter, du champ de bataille jusque dans sa ville natale : Victoire! victoire! criait-il en brandissant comme une palme une branche de tilleul. Puis il tomba sur le sol, brisé par la fatigue.

A l'endroit où il était mort, on planta la verte branche. Elle s'enracina dans la terre et il en sortit une tige vigoureuse, qui d'année en année grandit. Mais il est vieux à présent ce noble tilleul. Il a plus de quatre cents ans. La sève ne circule plus guère sous son épaisse écorce; sa cime est découronnée, et ses rameaux, pareils dans leur langueur aux bras d'un vieillard, s'appuient sur des piliers construits exprès pour les soutenir. Douze générations ont successivement passé sous son ombre. Les hommes de la génération actuelle le regardent avec respect.

Dans les cycles de légendes des productions végétales, l'amour naturellement a le sien. La terre, le soleil, la rosée donnent aux plantes la vie physique. L'amour leur donne la vie de l'âme. Les poésies et les traditions populaires nous la représentent en des images naïves et touchantes.

Des fleurs s'élèvent sur une tombe, et celui-là seul peut les cueillir qui les a semées, sinon le mort sortirait de son cercueil pour dénoncer le larcin.

Des fleurs éclosent spontanément sur un tertre funèbre, pour attester la vertu d'une innocente créature, victime d'une injustice.

Des fleurs éclosent de même par l'effet d'un sentiment de cœur que la mort n'a pu anéantir : *Kaerleken after Dæden*. Amour après la mort, si vivement dépeint par le poète suédois Stagnelius.

En Allemagne, une jeune fille attend son fiancé, parti pour un long voyage. Elle s'en va chaque matin sur la route où elle lui a dit adieu; elle y retourne chaque soir. Elle attend longtemps. Puis, son cœur se brise, et à l'endroit où elle exhale son dernier soupir, surgit une petite fleur pâle qu'on appelle la *Wegwarte*, l'attente du chemin.

Dans le pays de Cornouailles, le valeureux Tristan est mort, morte aussi la belle Iseult, sa bien-aimée. Ils sont enterrés dans la même église, mais, par l'ordre du roi Marke, très loin l'un de l'autre. De la tombe de Tristan sort une tige de lierre, de la tombe d'Iseult une tige semblable. Toutes deux s'élèvent graduellement et se rejoignent sous la voûte du sanctuaire.

Nous devons à la candide piété du moyen âge les plus nombreuses, les plus pures légendes des plantes. J'en citerai quelques-unes, et je commence par celle qui remonte au temps le plus éloigné. On la raconte encore en Franche-Comté.

Adam, étant malade, dit à son fils Seth : « Je vais mourir. La mort est la punition du péché.

— Non, mon cher père, s'écrie Seth en pleurant, tu ne mourras pas. Il doit y avoir un remède contre la mort ; je veux aller le chercher. »

Adam le bénit, et le brave enfant se met en route.

Après un long, bien long voyage, il arrive près de l'Eden, s'approche respectueusement de l'ange qui en garde l'entrée et lui expose son vœu filial. L'ange le regarde avec une douce commisération, et lui dit d'une voix affectueuse : Mon enfant, quand tu rentreras dans ta demeure, ton père aura cessé de vivre, et ton devoir sera de l'ensevelir. Avant de le descendre au tombeau, mets-lui dans la bouche cette amande. Elle produira le nouvel arbre de vie.

L'ordre de l'ange fut exécuté, et de la tombe d'Adam on vit surgir une plante qui bientôt devint un grand arbre, qui fut longtemps admiré et respecté. Puis on en fit un pont qui resta pendant le déluge, à la même place. De ce bois dur et lourd les Juifs firent la croix du Sauveur. C'est ainsi que de la sépulture d'Adam sortit, selon la parole de l'ange, l'arbre de rédemption[1].

Une autre légende populaire, récemment reproduite dans un intéressant livre, raconte l'émotion des plantes, à la mort du Christ[2].

Le pin de Damas disait : « En signe de deuil, dès aujourd'hui, mon feuillage demeurera sombre et j'habiterai les endroits solitaires. »

Le saule de Babylone : « Mes branches désormais s'inclineront vers les eaux de l'Euphrate et y verseront les larmes de l'aurore. »

La vigne de Sorente : « Mes grappes seront noires, et le vin qui sortira de mes flancs se nommera *Lacryma Christi.* »

Le cyprès du Carmel : « Je serai l'hôte des tombeaux et le témoin des douleurs. »

1. Ch. Thuriet, *Traditions populaires du Jura*, page 153.
2. Am. de Ponthieu, *Les fêtes légendaires*, page 69.

L'if : « Je serai le gardien des cimetières. Aucune abeille ne butinera impunément mes fleurs empoisonnées; aucun oiseau ne reposera sur mes branches, car mes exhalaisons donneront la mort. »

L'iris de Suze : « Désormais je porterai un deuil éternel, en couvrant d'un voile violet mon calice d'or. »

La belle de jour : « Je fermerai tous les soirs ma corolle odorante et ne la rouvrirai que le matin, avec les larmes de la nuit. »

Au milieu de ces gémissements des plantes, seul, le peuplier se tenait debout, froid et hautain comme un libre-penseur.

En punition de son orgueil, dès ce jour, au moindre souffle, il tremble de tous ses membres.

Les révolutionnaires en ont fait l'arbre de la liberté.

Le Vendredi-Saint, au souvenir de la passion de Notre-Seigneur toutes les plantes frémissent[1].

Mais Noël les réjouit. A Noël, disent les pieux naturalistes des traditions, à Noël fleurit le pommier, le cerisier, l'œillet, la mélisse, la rose de Iarias-

1. Ang. de Gubernatis, *Mythologie des plantes*, pag 5.

tein en Alsace, la rose de Jéricho et la petite hellébore qu'on appelle en France la rose de Noël et en Allemagne la racine du Christ (Christwurzel).

A la Saint-Jean, on voit aussi de belles choses, En différents pays, la rosée de la Saint-Jean est recueillie avec soin. Elle préserve des maux d'yeux pendant toute l'année. En Suède, on croit qu'elle embellit les traits du visage; à Venise, on prétend qu'elle ravive les racines des cheveux sur les crânes les plus dénudés.

Les herbes de la Saint-Jean sont justement renommées. La rosée qui tombe dans la nuit du 24 au 25 juin purifie toutes les plantes vénéneuses, et donne à quelques autres un fabuleux pouvoir. C'est dans la nuit de la Saint-Jean qu'il faut aller chercher la graine de fougère. Celui qui parvient à la trouver peut s'estimer plus heureux que s'il était nommé président d'une République, ou s'il gagnait le gros lot à la loterie de Francfort. Il aura la force de vingt hommes; il découvrira les métaux précieux dans les profondeurs de la terre; il connaîtra le présent et l'avenir[1].

1. Ang. de Gubernatis, *Mythologie des plantes*, page 185. P. von Perger : *Deutsche Pflanzen sagen*.

Quel trésor pour les hommes d'État qui ont tant de peine à économiser quelques deniers dans l'exiguïté de leur budget, qui souvent se trompent dans leurs actes journaliers et ne prévoient pas les événements du lendemain!

Mais jusqu'à présent personne n'a pu saisir la fleur merveilleuse. Elle n'éclôt qu'un instant à minuit, et le diable qui se mêle perpétuellement des affaires humaines la garde avec une féroce vigilance.

« Fleurissez comme les fleurs du lis, » dit l'Ecclésiastique [1].

« Considérez, dit l'Évangile, comment croissent les lis des champs. Ils ne travaillent ni ne filent, et Salomon même, dans toute sa gloire, n'était point vêtu comme l'un d'eux [2].

Nous devons bien l'aimer cette belle fleur, préconisée par les Livres saints. Elle a brillé sur les étendards de la France pendant des siècles, les glorieux siècles de notre Monarchie [3]. Elle dé-

1. XXXIX. 19.

2. Saint-Luc. 12-27.

3. Les lecteurs de l'*Union* n'ont pas oublié les savantes dissertations de M. Marius Sapet sur les origines de notre immortel drapeau.

core les plus nobles blasons. Emblème de la pureté et de l'innocence, elle est spécialement consacrée à la Vierge.

D'autres plantes ont été aussi idéalisées par le culte de la Vierge : en premier lieu, la rose, d'où vient le nom de rosaire et de rosace; l'herbe de la madone, une petite pariétaire qui, après avoir été cueillie, conserve encore assez de sève pour s'épanouir entièrement; le coudrier, qui abrita Marie surprise par un orage, quand elle allait visiter sainte Élisabeth; la sauge, qui allongea ses rameaux, élargit ses feuilles pour dérober l'enfant Jésus aux sicaires d'Hérode et les précieux arbustes qui naissaient de la fontaine où la Vierge, dans son voyage en Égypte, lavait les langes de son divin Fils[1].

Maintenant encore les Tyroliens sont convaincus que la branche du coudrier est un excellent paratonnerre, et tout le monde connaît la

1. Elle lava les drapellets de Notre-Seigneur de l'eune d'icelle fontaine, et poins estandi iceux drapellets par-dessus la terre pour les essayer, et de l'eune qui dégoutait d'iceux drapellets, ainsi comme ils essuyaient, pour chacune goutte naissait ung petit arbrisseau, lequel arbrisseau portant le baume. — *Le saint voyage de Jérusalem du seigneur d'Anglure*, page 57.

vertu médicinale de la sauge bénie par la Mère de Dieu.

L'école de Palerme dit :

« Cur, moritur, homo, cui salvia crescit in horto? »

Peut-on craindre de voir sa fin
Quand on a sauge en son jardin[1].

En Franche-Comté, on croit qu'elle adoucit les douleurs morales comme les douleurs physiques[2].

Ainsi, par les nécessités matérielles de chaque jour ou par une capricieuse fantaisie, par un travail manuel ou une étude scientifique, par un rigide calcul ou un sentiment religieux, par les fêtes et les deuils, à tout instant la vie de l'homme touche à la vie végétale.

Il est des heures où nous allons, comme René, dans nos promenades mélancoliques, foulant tristement à nos pieds les feuilles flétries par l'automne.

Il est des heures où, dans un doux espoir,

1. Noël, *La vie des fleurs*, page 116.
2. Ch. Thuriet, *Traditions populaires du Jura*, page 158.

nous entonnons l'hymne d'amour avec le mélodieux poète :

> Cueillons, cueillons la rose au matin de la vie.

Il est des heures où dans notre découragement, nous redisons avec un autre poète :

> De ta tige détachée,
> Pauvre feuille desséchée,
> Où vas-tu?

Feuilles sombres! Roses éphémères! heureux qui se souvient de l'arbre de Noël dont les lumières réjouirent son enfance, de la bénédiction des champs au jour des Rogations, de la branche de buis bénit que sa mère suspendait au-dessus des lits, le dimanche des Rameaux!

VOYAGES ET AVENTURES
DES PLANTES

En ce monde, tout voyage : les vents et les nuées, les fleuves et les mers, les montagnes de glace et les blocs de pierre entraînés par les glaces ou par les ouragans ; les animaux en divers espaces, selon leurs diverses conformations, et l'homme partout avec ses ingénieux moyens de locomotion. La terre entière voyage avec tout ce qu'elle porte à sa surface et tout ce qu'elle renferme dans ses entrailles. Elle voyage du matin au soir, du commencement à la fin de l'année. Elle tournoie nuit et jour dans l'immensité. Dieu lui a tracé son chemin: elle n'en déviera pas. Dans ce mouvement universel, la plante garde sa fixité, la plante grande ou petite, arbre ou arbuste, tige colossale, herbe légère. L'arbre tombera sous la hache du bûcheron, l'herbe et l'épi seront coupés par la faucille, enlevés par les mains d'un enfant ou d'un botaniste. La plante, pour se déplacer, ne fera d'elle-même aucun mouvement: morte, elle sera peut-être transportée très loin; vivante, elle reste attachée au sol où elle a pris racine; elle ne voyage pas.

Non. Mais ses graines voyagent en grand nombre à travers les éléments. Les unes ont des aigrettes comme de petits volants; d'autres, des ailes latérales ou circulaires. Elles s'élèvent dans les airs comme des papillons et vont s'abattre parfois très loin de la capsule d'où elles sont sorties; d'autres, en léger duvet, en fine poussière, tombent sur nous dans les champs, et, sans nous en douter, par le moindre mouvement, à chaque pas, le long de nos sentiers, nous les semons.

D'autres flottent sur les eaux, en gardant leur principe de germination. De la côte d'Afrique, des courants réguliers charrient les lourds fruits du palmier vers les mers de l'Inde. Des courants de l'Atlantique amènent jusque sur les côtes de Norvège, les drupes du cocotier, les noix d'acajou.

Des graines d'arbres et d'arbustes sont emportées à de longues distances par les oiseaux. C'est ainsi que le cannelier s'est propagé à Ceylan, le muscadier dans les Moluques, et qu'au nord de l'Europe, dans les sillons du Danemark, a surgi le fructueux froment qu'on appelle *l'épeautre des oiseaux*[1].

D'autres animaux coopèrent involontairement à la propagation des plantes. L'écureuil dissémine les graines de pommes de pins, en cherchant à les prendre dans l'écaille résineuse qui les contient. Les rats, les loirs, les marmottes, qui ont le souci de l'avenir, emportent pour leur hiver des fruits et des graines en des lieux écartés et les enfouissent dans le sol. Les prévoyantes petites bêtes ne pourront peut-être pas retourner à leur magasin ou épuiser leurs pro-

1. K. Müller, *les Merveilles du monde végétal*, tome I, p. 91.

visions et les graines intactes germeront au printemps.

Sur les marais qui se forment par la stagnation des eaux, on verra germer aussi des graines semées par le vent ou par les oiseaux.

Nul indice de génération spontanée.

La dissémination des plantes est une loi providentielle, et l'homme en est l'actif agent.

D'une contrée à l'autre, l'homme transporte les végétaux qui plaisent à ses yeux, ou servent à ses besoins.

La France doit à ces habiles importations une grande partie de ses plus belles fleurs et de ses meilleurs fruits. De la Syrie nous est venue la rose de Damas, le figuier, l'olivier, le mûrier; de l'Arménie, la vigne et l'abricotier; de la Perse, la jacinthe, la renoncule, le melon, le noyer, le pêcher; de l'Inde, l'orge, l'avoine, le froment.

Ainsi s'accomplissent les migrations desplantes par les airs, par les fleuves et les océans, par l'action des animaux, surtout par l'intelligence et l'activité de l'homme. Ainsi s'élargit de zone en zone le monde végétal jusqu'au *nec plus ultra* des climats rigoureux.

Il y a dans ce monde végétal, comme dans le

monde des humains, de singulières aventures, d'étranges destinées, des fortunes subites et des revers inattendus.

Le papyrus a été glorifié par l'antiquité :

D'Homère et de Platon, durant les premiers âges,
Les papyrus du Nil conservaient les ouvrages.

La plante égyptienne n'est plus recherchée. On n'écrit plus sur ses feuilles lisses. Elle est remplacée par le papier de chiffons.

Les bois d'ébénisterie et de teinture ont été longtemps inconnus ou délaissés. A la fin du dix-septième siècle, un navire marchand, n'ayant pas d'autre lest, rapportait de l'Amérique centrale plusieurs billes d'acajou et les débarquait en Angleterre. Elles furent longtemps dédaignées. Un jour, par hasard, on s'avisa d'en prendre une pour en faire un coffre. Le travail de l'ouvrier révéla alors les vives couleurs de ce bois exotique, la finesse et la dureté de son grain, l'éclat de sa surface polie. On voulut bien vite en faire toutes sortes de meubles de luxe, et des bâtiments de commerce partirent pour aller chercher cet acajou dont personne jusque-là n'avait compris la valeur.

A peu près à la même époque, un chef de flibustiers, le valeureux Grammont, s'emparait de Campêche. Pour célébrer la fête de saint Louis, il mit le feu à des pièces de bois entassées dans le port. C'était du vrai *palo de tintura.* Dans son feu de joie, le galant capitaine en brûla pour 200 000 écus.

Dans un autre hémisphère, dans une des vallées de la Sibérie orientale, sur les rives du fleuve Amour, les Chinois vont chercher une petite plante plus précieuse pour eux que les plus beaux bois d'Amérique. C'est le ginseng, un arbuste de 30 à 40 centimètres de hauteur, aromatique et amer, par conséquent, tonique et stimulant : voilà tout ce que nos botanistes en disent. Ils lui donnent pourtant dans leur langue scientifique le nom de *panax* et le rangent dans la famille des panacées. Mais, pour les Chinois, c'est vraiment la panacée universelle. C'est un remède de premier ordre dans les maladies des entrailles, de l'estomac, des poumons, un antidote souverain dans les empoisonnements, un puissant auxiliaire du corps et de l'esprit, un régénérateur de l'homme dans la décrépitude de la vieillesse.

Cette merveilleuse plante est très rare. Celui-là doit s'estimer heureux qui, après de longues recherches, parvient à en découvrir une racine. A Pékin, elle vaut 50 000 francs.[1]

Il y a des hommes de grand mérite qui n'arrivent pas sans de pénibles efforts à leur légitime succès.

Il y a des plantes de premier ordre qui font aussi de rudes traversées et subissent de cruelles avanies.

Au commencement du siècle dernier, un caféier, rapporté de Moka par les Hollandais, fut envoyé à Paris. On le mit dans une des serres du Jardin du roi[2]. Il y fleurit et y reproduisit plusieurs rejetons. Trois de ces rejetons furent confiés à un des nobles officiers de notre marine, le capitaine de Clieu, partant pour les Antilles.

1. Les plus habiles médecins de la Chine, dit le père Jantouse, la font entrer dans tous les remèdes qu'ils donnent aux riches seigneurs, car elle est d'un trop grand prix pour le commun du peuple. — *Description de la Chine*, par J.-B. Du Halde, tome II, page 178.

2. Notre célèbre Jardin des Pantes, fondé par Louis XIII. En raison de son origine et de son nom, il fut proscrit par la Convention. Il devait être détruit; Lakanal, avec le concours des professeurs Desfontaines, Thouin et Daubenton, préserva de ce stupide arrêt, la précieuse collection en demandant qu'elle fût réorganisée et qu'elle portât le titre de Muséum d'histoire naturelle.

Le voyage fut long et la provision d'eau était insuffisante. Il fallut en régler strictement et en diminuer la distribution. Les officiers, comme les matelots, étaient soumis à cette rigoureuse mesure.

Dans la longueur et les accidents de cette navigation, deux des caféiers périrent. De Clieu, par sa généreuse sollicitude, sauva le troisième. Lui-même a raconté en son simple et honnête langage le résultat de son entreprise :

« Je partageais, dit-il, avec ma plante chérie ma petite ration d'eau. A peine débarqué à la Martinique, je plantai dans un endroit convenable cet arbuste précieux, qui m'était encore devenu plus cher par les dangers qu'il avait courus et par les soins qu'il m'avait coûtés. Au bout de dix-huit à vingt mois, j'eus une récolte très abondante. Les fèves en furent distribuées aux maisons religieuses et à divers habitants qui connaissaient le prix de cette production et pressentaient combien elle devait les enrichir. Elle s'étendit de proche en proche. Je continuai à distribuer de jeunes plants. La Guadeloupe et Saint-Domingue en furent bientôt abondamment pourvus. Cette nouvelle production se multipliait partout. »

Nos colonies reconnaissantes ont exprimé à diverses reprises l'intention d'élever une statue à de Clieu.

Ce louable projet ne s'est pas encore réalisé; mais on n'oublie pas de consacrer des monuments à la mémoire des tribuns qui ont fait des révolutions.

Vers la fin de ce même siècle où le noble marin, avec une petite plante du Jardin du roi, enrichissait nos Antilles, un savant, un philanthrope dans la plus pure acception de ce mot si souvent profané, un homme de cœur, Parmentier, entreprit de propager dans nos campagnes la culture de la pomme de terre. Quelle peine il a eue pour accomplir son œuvre si bienfaisante! En vain, le bon roi Louis XVI, le saint martyr, la patronnait ouvertement. En vain, à l'exemple du souverain, les gens du grand monde portaient à leur boutonnière ou étalaient dans leurs salons des fleurs de pommes de terre. Les naturalistes disaient que cette plante, appartenant à la famille des solanées, devait contenir un principe vénéneux, et le peuple ne voulait point toucher à ce tubercule, qui lui semblait très laid et qu'il croyait malsain.

Les plus hardis le donnaient à leurs bestiaux.

Après avoir longtemps inutilement combattu ces résistances, Parmentier eut une heureuse inspiration. Il cultivait à ses frais une quantité de pommes de terre dans la plaine des Sablons. Il les avait d'abord vendues à bas prix; puis il les avait données gratuitement. Un jour, l'idée lui vint d'employer pour les faire apprécier un tout autre moyen. Au temps de la récolte, des crieurs publics proclamèrent par ses ordres, à son de trompe, la défense formelle d'entrer dans ses champs des Sablons. Pour plus de sûreté, des gendarmes, postés de distance en distance, gardaient la plantation, le sabre au côté, avec des instructions rigoureuses. Il n'en fallait pas tant pour attirer de nombreuses convoitises. Le fruit naguère prodigué était dédaigné, le fruit défendu devait être excellent.

Le généreux Parmentier apprit avec joie que chaque nuit on venait audacieusement enlever ses pommes de terre. Ceux qui se hasardaient à les enlever devaient les faire cuire et en reconnaître et en louer la qualité. C'était le commencement de la propagation qui peu à peu, par d'honnêtes labeurs, s'est étendue à toute la

France, et qui est maintenant universellement bénie.

Il y a des plantes qui ont suscité plus d'agiotages et fait plus de fortunes que les plus habiles boursiers : la tulipe, le tabac.

L'histoire de la tulipe a été faite plus d'une fois ; elle est assez curieuse pour que j'essaye encore de la raconter.

Elle nous vient de l'Asie, cette fleur qui a produit dans la grave Hollande tant d'ardentes spéculations. Le savant Conrad Gessner, qui se vantait de l'avoir fait connaître, dit qu'il la vit pour la première fois, en 1559, à Augsbourg, dans un jardin renommé pour ses plantes exotiques : elle venait de Constantinople.

Dix ans plus tard, les tulipes étaient fort recherchées par les gens riches, surtout en Hollande et en Allemagne. Les patriciens d'Amsterdam en faisaient venir à grands frais des bourgeons directement de Constantinople. D'année en année la réputation de la tulipe s'accrut de telle sorte, qu'au commencement du dix-septième siècle on regardait comme un homme de fort mauvais goût celui qui, possédant quelque fortune, ne s'empressait pas de mettre des tulipes dans son jardin. Des savants, comme Pompeius de Angelis et Lipsius de Leyde, étaient passionnés pour ces fleurs.

Cette même passion pénétrait dans les classes moyennes de la société. Boutiquiers et artisans voulaient avoir aussi des tulipes, dussent-ils employer à cette vanité le plus clair de leurs biens. Pour une de ces plantes un marchand de Harlem donna la moitié de sa fortune, non point avec l'intention de revendre ce qui lui coûtait si cher, mais tout simplement pour montrer à ses amis sa glorieuse acquisition.

La tulipe n'est cependant réellement remarquable ni par son parfum, ni par sa beauté. Dans son état naturel, elle est d'une seule couleur; elle a de larges feuilles et une très longue tige. La culture donne à ses feuilles un plus beau vert et à ses pétales différentes nuances. Mais plus elle s'embellit par la culture, plus elle s'affaiblit, et pour être transplantée, ou tout simplement pour vivre, elle exige les plus grands soins. C'est peut-être par sa débilité qu'elle est devenue plus précieuse, comme un enfant malade devient plus cher à sa mère en lui imposant plus de sollicitude.

Le fait est qu'en 1634, au sein de la Hollande, l'austère, la sage Hollande, une aristocratique fantaisie dégénéra en une réelle monomanie. Les prudentes entreprises furent délaissées. Tout le monde se jeta dans le trafic des tulipes, et l'importance de cette nouvelle denrée commerciale s'accrut naturellement par la multiplicité des demandes.

En 1635, des négociants employaient 200 000 florins (400 000 francs) à acheter quarante racines de tulipes. On les vendait au poids par *perits*, ce qui est une mesure plus petite que le grain, et à différents prix selon leurs différents noms glorieux. Un *Amiral-Leiefke*, de 480 perits, valait 4 400 florins. Un *Amiral-van-der-Eyck*, de 446 perits, n'était coté qu'à 1260 florins. Mais, pour un *Childer* de 106 perits, on donnait aisément 1 600 florins ; le double pour un *Vice-Roi* de bonne dimension, et très lestement 5 500 florins pour un *Semper-Augustus* de 200 perits. Le Semper-Augustus était la pièce capitale, le diamant de ces trésors d'horticulture. Il n'en existait en Hollande que deux racines en 1636, l'une à Harlem, l'autre à Amsterdam. Pour celle de Harlem un amateur offrait 12 acres d'un terrain de premier ordre. Pour celle d'Amsterdam, un autre donna 4 600 florins, plus un carrosse avec un attelage de deux chevaux et un complet harnachement.

Une simple racine de Vice-Roi fut achetée pour une masse de choses, dont un écrivain de cette époque, M. Manting, a publié dans un énorme volume la curieuse momenclature :

Deux charges de froment;
Deux charges de seigle;
Quatre bœufs gras;
Huit porcs gras;
Douze brebis;
Deux barils de vin;
Quatre tonneaux de bière;
Deux tonnes de beurre;
Mille livres de fromage;
Un lit complet;
Un vêtement complet;
Une coupe d'argent.

Les Hollandais qui avaient été absents de leur pays, et qui y rentraient au milieu de cette ardeur de spéculations, étaient exposés à de singulières erreurs.

Un matelot vient un matin annoncer à un négociant l'arrivée d'un navire qui lui apporte une cargaison des pays lointains. Le négociant, réjoui de cette bonne nouvelle, mais peu généreux, lui donne en le remerciant un hareng pour son déjeuner et se remet à écrire. Le matelot, en traversant le comptoir, aperçoit entre deux piles d'étoffes de velours et de soie un oignon rose et blanc, frais et dodu, qui lui semble un agréable assaisonnement pour son maigre poisson. Il le met dans sa poche et s'achemine vers le quai, ne se doutant guère qu'il emportait une fortune, un Semper-Augustus qui ne valait pas moins de 6 000 francs. Un instant après le marchand cherche sa racine, et, ne la voyant pas, appelle ses commis, ses valets, se fâche, menace. Vaine colère! inutiles perquisitions! Tout à coup on se rapelle le marin qui a passé par le comptoir. On court après lui, et on le trouve assis tranquillement sur un rouleau de câbles, achevant de déguster la dernière parcelle de son oignon et très content de son déjeuner. Cléopâtre n'améliorait pas sa boisson en y faisant fondre une perle, ni Thomas Gresham en jetant un diamant dans la coupe qu'il voulait vider à la santé de la reine Elisabeth. Plus heureux que la reine d'Egypte, que le lord-maire de Londres, l'ignorant matelot, avec son Semper-Augustus, cette perle, ce diamant de l'armateur hollandais, avait au moins donné une saveur particulière à son hareng. Mais il expia sa gourmandise par un emprisonnement de plusieurs mois.

Dans ce même pays de Hollande, un jour un jeune botaniste anglais, visitant les collections d'un riche armateur et voyant une racine qu'il ne connaissait pas, la prend entre ses mains, la tourne, la retourne, puis, pour en examiner la structure intérieure, la fend d'un coup de canif en deux morceaux.

« Malheureux ! s'écrie le Hollandais en se précipitant sur lui avec fureur, que faites-vous ?

— J'étudie, répond flegmativement le botaniste britannique, un oignon singulier.

— Un oignon ! l'Amiral-van-der-Eyck.

— Merci de vouloir bien me dire son nom. Je vais l'inscrire sur mes tablettes.

— Très bien. Vous verrez ce que vous coûtera votre folie. »

A ces mots, l'innocent voyageur est saisi au collet par une main vigoureuse et conduit chez le syndic. Là il apprend que la plante si prestement déchiquetée par lui valait en bel et bon argent 4000 florins, et, malgré ses protestations et ses explications, il fut condamné à rester en prison jusqu'à ce qu'il eût payé cette somme.

Pour satisfaire à des demandes de plus en plus pressantes et nombreuses, des entrepôts de tulipes furent établis à Rotterdam, Amsterdam, Harlem, Leyde, Alkmann, Hoorn et dans plusieurs autres villes. Alors commence l'agiotage. Les boursiers et les aventuriers, toujours à l'affût de quelque nouveau trafic, appliquèrent leur manœuvre à la fleur asiatique et par leur habileté réalisèrent des bénéfices considérables. Quelques-uns devinrent très riches. Il n'en fallait pas tant pour inspirer la confiance et susciter d'ardentes convoitises. On s'imagina que la passion des tulipes ne s'attiédirait pas, que de toutes parts arriveraient des ordres d'achats, et que l'argent de tous les pays affluerait ainsi en Hollande. Nobles et bourgeois, ouvriers et paysans, soldats et marins, furent éblouis par un rêve d'or. Les gens de toutes les classes vendirent leur terre et leur mobilier pour acheter des tulipes. Les étrangers éprouvaient la même fascination et faisaient à Amsterdam, à Harlem et dans les autres villes d'énormes achats. Avec cette rapide augmentation de fortune, on vit s'accroître la valeur des propriétés territoriales, des denrées de première nécessité et des choses de luxe : voitures, étoffes, bijoux. La Hollande devenait un véritable Eldorado. Les agiotages avaient pris une telle extension, qu'il fallut rédiger un code spécial pour les régler. La loi institua des notaires et des clercs, qui devaient exclusivement s'occuper de ce perpétuel négoce. Les clercs et notaires d'autrefois n'avaient plus rien à faire. Tout le monde courait chez ceux qu'on appelait les *notaires des tulipes.* Dans les villes où il n'y avait point de bourse, les spéculateurs se réunissaient dans une taverne, et les marchés se terminaient par de pompeux dîners. Deux ou trois cents personnes s'asseyaient à une table décorée de tulipes.

Un jour vint cependant où les gens sages commencèrent à songer que cette folie ne pouvait toujours durer. Les riches n'achetaient plus les tulipes pour les mettre dans leur jardin, mais pour les revendre à un meilleur prix. Finalement, il devait y avoir dans ce hasardeux trafic des dupes et des victimes, et, dès qu'on se mit à faire cette judicieuse réflexion, la terreur succéda à la confiance. Le spéculateur achetait dix Semper-Augustus pour 4000 florins, payables en six semaines. Mais, dans un court espace de temps, le Semper-Augustus tombait de 4000 à 400 florins, et l'acheteur ne pouvait ou ne voulait solder la différence. Bientôt toutes les villes de Hollande furent affligées par des fraudes ou des faillites. Une quantité d'individus, qui naguère s'estimaient heureux de posséder quelques rares tiges de tulipes, regardaient avec douleur ces mêmes plantes, qu'ils ne pouvaient pas même vendre le quart de ce qu'elles leur avaient coûté. Ceux-là seuls pouvaient s'applaudir de leur participation à ce factice négoce, qui avaient su s'enrichir avant la crise et placer solidement leurs bénéfices. Mais combien de gens du peuple, enrichis par quelques fluctuations du commerce des tulipes et par d'autres, rejetés dans leur primitive situation ! Combien de gentilshommes appauvris et de marchands ruinés !

En 1720, un Parisien résumait en ces sept petites lignes l'histoire de la Banque du Mississipi :

Lundi, j'achetai des actions ;
Mardi, je gagnai des millions ;

Mercredi, j'arrangeai mon ménage;
Jeudi, je pris un équipage;
Vendredi, je m'en fus au bal,
Et samedi à l'hôpital.

Comme les Français par la banque de Law, comme les Anglais par les actions de la mer du Sud, les Hollandais ont eu par l'agiotage des tulipes les rêves fiévreux de rapide fortune. Par bonheur, cette folie n'a pas été de longue durée. Les Hollandais aiment encore les tulipes. Ils se plaisent à les cultiver dans leurs jardins et à les voir s'épanouir dans leurs appartements. Mais ils ne songent plus à s'enrichir en spéculant sur la hausse ou la baisse du Semper-Augustus. Ils savent que la vraie, bonne, durable fortune est celle qui est acquise par une honnête intelligence et un patient travail. C'est ainsi que ce brave peuple prospère depuis longtemps.

Grandeur et décadence de la tulipe! Le roman de César Birotteau.

Mais le tabac!

« Quoi que puisse dire Aristote et toute la philosophie, il n'est rien d'égal au tabac. C'est la passion des honnêtes gens, et qui vit sans tabac n'est pas digne de vivre. »

A bien des priseurs et des fumeurs, dans bien des pays, ces paroles de Sganarelle ne paraîtront point exagérées ;

« Il a tant voyagé, le tabac, et il a fait tant de prosélytes! »

Pour ceux qui s'y intéressent, j'essayerai de dire ce que je sais de sa propagation.

Notre première mention du tabac nous vient de l'Espagnol Aviedo; qui partit pour l'Amérique quelque temps après la découverte de Christophe Colomb. Il passa plusieurs années à Hispaniola, et composa une histoire naturelle des Indes[1].

« Il y a ici, dit-il, une certaine plante, inoffensive en apparence, mais vénéneuse, pour laquelle les Indiens ont une prédilection particulière et une sorte d'idolâtrie. Ils la cultivent dans leurs jardins et en font fréquemment usage d'une façon singulière. Ils en placent quelques feuilles dans un tube, puis les allument et en aspi-

1. *Historia natural de las Indias*, imprimée à Tolède en 1526 et à Séville en 1535.

rant la fumée à l'aide de deux tuyaux qu'ils introduisent dans leurs narines. Par l'effet de cette fumée, ils tombent dans un état de torpeur et d'insensibilité. C'est ce qu'ils veulent. Leurs femmes alors les prennent et les déposent sur des hamacs. »

« Dans ces mêmes régions, dit un autre écrivain espagnol du seizième sèicle, il y avait des espèces d'augures que l'on interrogeait dans les graves circonstances. Avant de donner leur consultation, ils s'enivraient de fumée de tabac. »

Nous savons par notre histoire du Canada l'emploi du calumet parmi les Peaux-Rouges dans les occasions solennelles. Tous les notables de la tribu étant rassemblés et assis en silence, le chef portait gravement à ses lèvres le vénéré calumet, et d'abord lançait une bouffée de fumée vers le ciel, une autre vers la terre, puis successivement vers les quatre point cardinaux pour rendre hommage au Grand Esprit, maître du ciel et de la terre.

Le précieux instrument passait ensuite de main en main, et l'on délibérait; et quand on avait fumé avec le messager d'une autre tribu ou l'envoyé d'une puissance étrangère, c'était un engagement sacré.

Un de nos savants voyageurs, M. Cochet, raconte que les Indiens du haut Pérou ont pour ce tabac un religieux respect. Ils le considèrent comme un remède infaillible pour les morsures de serpents, et chaque année un jour de fête lui est particulièrement consacré.

« Ce jour-là ils construisent dans l'endroit le plus obscur de la forêt une cabane en forme de rotonde, ornée de fleurs et de plumes. Au pied de la colonne du milieu qui soutient la rotonde est placée une corbeille richement décorée, renfermant un rouleau de tabac. Les sauvages vont tour à tour l'adorer.[1] »

La plante, si honorée par delà l'Atlantique, fut très honorablement introduite en Europe : en Espagne, par Hernandez de Tolède, le savant naturaliste; en Italie, par le cardinal de Santa-Croce; en Angleterre, par M. Raleigh, le galant cavalier de la cour d'Elisabeth, l'historien, le voyageur; en France, par Nicot, notre représentant à Lisbonne, qui offrit plusieurs tiges de

1. J. Rambosson, *Histoire et Légendes des plantes*, page 290.

tabac au grand prieur de Lorraine et à Catherine de Médicis. De là, dans notre pays, les premiers noms de la plante américaine : *nicotine*, *herbe du grand prieur*, *herbe à la reine*, *herbe Médicis*. Cette dernière dénomination inspira une sanglante épigramme à G. Buchanan, le poète écossais, qui fut quelque temps professeur à Bordeaux et à Paris, et qui détestait Catherine.

Le tabac, ennobli par son entrée dans les grandes maisons, excita la curiosité des classes inférieures. Pour satisfaire à leurs désirs, on se mit à le cultiver, et Raleigh en fit une si fructueuse plantation, que son auguste souveraine lui dit un jour :

« Il y a des gens dont l'or s'en va en fumée; vous avez trouvé le moyen de faire de l'or avec de la fumée. »

Avec ses racines fibreuses, sa tige ronde, velue, visqueuse, ses larges feuilles d'un vert pâle, elle n'est pas belle pourtant cette plante de tabac. Elle n'a ni la grâce majestueuse du lis, ni les vives couleurs de la tulipe, ni la corolle prophétique de la marguerite, ni le doux arome printanier du muguet, ni le parfum de la rose. Non; elle répand une odeur nauséabonde, et elle produit sur ceux qui commencent à en user un pénible malaise. Pour qu'elle soit si vite et si avidement recherchée, n'est-elle pas ensorcelée?

Bientôt de violentes protestations s'élèvent contre sa sorcellerie. Les botanistes la classent dans la famille des solanées. Les médecins signalent ses dangereux effets. Le docte roi Jacques Ier la condamne dans une longue dissertation. Deux papes la proscrivent. Le grand conseil de Berne ajoute au Décalogue un verset qui assimile à l'adultère l'usage de fumer. En Turquie, par l'ordre d'Amurat IV, cet usage est traité comme un crime capital. En Russie, on commence par couper le nez des fumeurs; puis, plus tard, par une gracieuse condescendance, on se borne à leur percer les narines pour y introduire un tuyau de pipe et à les promener avec cette décoration le long des rues.

Vains efforts! Inutiles sentences! La sorcière continue sa marche et, d'âge en âge, élargit le cercle de ses fascinations. Elle a de tout côté constitué de nouvelles habitudes, créé de nouveaux besoins.

Un docteur germanique, cherchant après Platon et d'autres philosophes, une définition de l'homme, a trouvé celle-ci : « L'homme est un animal qui fume. »

C'est vrai. Riches et pauvres, maîtres et valets, savants et ignorants, tous les hommes fument.

En plusieurs contrées, les femmes fument aussi pour diverses raisons et en diverses situations.

La pauvre fermière Irlandaise dans sa cabane délabrée ; la pauvre Laponne dans sa sombre tente se réjouissent quand elles peuvent mettre dans une pipe noire quelques brins de mauvais tabac.

Les belles captives des harems se distraient des ennuis de leurs séquestrations en aspirant indolemment la fumée du chibouck ou du narguilé.

Les nobles barrinias de Pétersbourg, par une aimable condescendance, acceptent la fumerie dans leurs salons, et, pour mieux l'autoriser, tournent elles-mêmes gracieusement entre leurs doigts la cigarette.

Les cocottes de Paris allument gaillardement le londrès et le régalia.

Il y a des populations qui ne connaîtront jamais nos fruits savoureux, ni nos bonnes plantes nutritives : le maïs, le riz, le froment. Il n'y en a pas une qui ne connaisse le tabac.

On ne peut cependant le cultiver partout. Mais navires et charrettes, marchands patentés et contrebandiers, l'emportent partout, et il entraîne à d'étonnants voyages ceux qui veulent le vendre et ceux qui veulent l'acheter.

En voici un exemple :

Au nord de la Sibérie, vers les confins de la mer Glaciale, au milieu d'une vallée, s'élève un village qui ne sera point inscrit dans nos dictionnaires géographiques, qui a pourtant l'importance d'une capitale dans le désert de ces régions. On l'appelle Ostrownoje. Il se compose d'une vingtaine de petites cabanes, dominées par une palissade en bois qui entoure trois autres cabanes décorées du nom de *casernes*. C'est l'*ostrog* (le fort). Là demeurent le commissaire du gouvernement, le chapelain et quelques Cosaques, ces infatigables Cosaques qui, du Caucase à la Baltique, du fleuve Amour à la Vistule, gardent partout les frontières de l'empire russe.

Autour de ce village pas la moindre culture, pas une frêle céréale, pas un chétif légume. Les pauvres gens de la race des Yakouguires, qui sont nés sur ce sol implacable, qui y restent sans jamais songer à en chercher un meilleur, n'ont pour vivre que le produit éventuel de la chasse et de la pêche, et souvent ils souffrent d'une cruelle disette.

Mais chaque année, au mois de février, quel mouvement, quelle animation dans le solitaire ostrog, dans les cabanes silencieuses ! Comme Beaucaire, comme Francfort, et Leipzig et Nijne-Novogorod, l'humble Ostrownoje a sa gloire commerciale, sa grande foire[1].

Au mois de février, dans cette zone sibérienne, la terre est couverte de neige et les rivières sont couvertes de glace. On voyage dans des nartras traînées par des rennes ou des chiens; et le froid est quelquefois si rigoureux qu'il faut envelopper les pattes des chiens pour qu'elles ne soient pas gelées. Le thermomètre, à cette époque, descend à 30, 35 et 40 degrés.

Qu'importe? *Tabaci sacra fames.* De loin, les Russes apportent là du tabac. De plus loin, les Tchoutchkis viennent le chercher.

Pour pouvoir faire cette précieuse acquisition,

1. F. von Wrangel, *Reise*, 1 Theil, 6 Abschnritt.

les Tchoutchkis, qui habitent à l'extrémité septentrionale de l'Asie, traversent le détroit de Behring et vont en Amérique amasser des pelleteries et des dents de morse, puis ils reviennent par le même détroit sur la terre d'Asie, et avec leurs femmes, leurs enfants, leurs troupeaux, s'en vont à travers un océan de neige vers leur Colchide, non pas en ligne droite, ni rapidement. Ils sont obligés de faire plusieurs circuits pour passer par les champs, par les bois, où ils trouveront l'aliment de leurs rennes, la mousse. En certains endroits, ils s'arrêteront pour faire une récolte de cette mousse et l'entasser sur leurs traîneaux.

Avec ces détours et ces haltes, leur migration dure près de cinq mois.

Arrivés à Ostrownoje, ils dressent en pleine campagne de petites tentes, où ils allument de larges lampes remplies d'huile de baleine ou de graisse. C'est leur foyer[1].

Les Russes s'installent comme ils peuvent dans le village.

Les deux partis alors sont en présence. Les

1. Cap. Cochrane, *Narrative*, tome I, page 309.

deux races, si différentes, se rencontrent; les Russes, actifs, habiles, étalant avec art leurs marchandises; les Tchoutchkis, calmes, taciturnes, défiants. Et d'abord, il semble que nul marché ne pourra se conclure, tant les Russes sont exigeants et les Tchoutchkis rétifs. Le difficile est de faire une juste appréciation du tabac, qui représente à cette foire la valeur monétaire. Les Tchoutchkis l'examinent, le palpent avec soin pour en reconnaître la qualité, sachant que les Russes peuvent aisément le falsifier et ne se font nul scrupule de l'alourdir en le trempant quelque temps dans l'eau ou en mettant quelques pierres dans les sacoches qui le renferment.

C'est bien le moins que la caravane asiatique veuille l'avoir sans fraude. Elle le paye si cher.

Enfin, grâce à quelques concessions réciproques et à l'intervention du commandant de l'ostrog, l'accord mercantile est fait. Les Russes amassent les peaux de renard, les peaux de martre, avec lesquelles ils réalisent de beaux bénéfices, et les Tchoutchkis s'en retournent vers leur lointain pays avec leur cargaison de tabac.

Ainsi, tout le monde fume, et je crois que

personne ne fume comme les Indiens de l'Amérique du Nord, en rendant hommage au Grand Esprit.

La fameuse solanée, si nicotisée qu'elle soit, a pourtant son mérite. Elle plaît à la rêverie du poète; elle soulage l'ouvrier dans son labeur, le marin dans ses longues traversées. Elle appaise les agitations de l'esprit et tempère la mauvaise humeur. On prétend que lord Brougham ne devenait réellement irascible et aggressif que lorsqu'il abandonnait sa pipe.

« Heureux, dit le sceptique Hume, ceux qui cherchent toujours le bon côté des choses. »

C'est notre ignorance qui nous empêche de voir ce bon côté dans plusieurs des œuvres de la création.

Pendant très longtemps, quelle affreuse idée ne s'est-on pas faite de l'upas de Java! Selon le rapport publié à la fin du siècle dernier par un médecin hollandais, M. Foersch, cet arbre s'élève dans un effroyable désert. Nul oiseau ne peut s'arrêter sur ses branches; nulle plante ne peut subsister, nul animal ne peut vivre dans son voisinage. A plusieurs lieues de distance ses émanations sont mortelles. Quand un Javanais est condamné au dernier supplice, on lui offre sa grâce, s'il veut aller recueillir à l'aide d'une longue tige de bambou quelques gouttes du poison de l'upas. Des centaines et des centaines de malheureux ont subi cette épreuve et y ont péri.

C'est vrai que l'upas n'est point un doux arbre comme le pommier de Normandie ou le cerisier de la vallée de Mouthier; mais il ne tue point les arbres qui l'entourent. Les oiseaux ne craignent point de se reposer sur ses rameaux, et on le cultive aisément dans plusieurs jardins botaniques.

On raconte aussi de terribles choses du mancenillier. On dit qu'il tue par ses exhalaisons ceux qui s'endorment sous son feuillage. Plusieurs naturalistes se sont ainsi endormis et n'en ont été nullement incommodés. Un médecin, après avoir étudié la propriété du mancenillier, en est même venu à croire que l'on pouvait en tirer un médicament.

D'autres observations corrigeront nos erreurs sur d'autres plantes, et s'il en est quelques-unes dont nous n'avons pas encore appris à reconnaître l'utilité, qui pourrait énumérer toutes celles que la Providence a répandues sur la terre et dans les eaux pour la joie et pour les besoins de l'homme? Qui pourrait, sans en être émerveillé, songer à la vitalité des plus agréables, des meilleurs végétaux?

Dans les Gaules, aux premiers temps du christianisme, les fidèles jetaient avec une mystique pensée diverses semences au fond des cercueils. On a recueilli quelques-unes de ces semences, on les a mises dans la terre fraîche; elles ont reverdi et refleuri[1].

Des graines ont été prises dans les pyramides d'Égypte, et, de ces graines enfouies depuis plus de trois mille ans, sont sorties des tiges de froment.

De la *Casa Nuova*, le généreux couvent de Jérusalem, les pèlerins emportent de petites plantes desséchées, arrondies comme des pelotons de fil. Depuis longtemps elles paraissent complètement mortes. Que si on les met dans l'eau, bientôt on verra sur toute leurs ramilles éclore de frais bourgeons. Ce sont les roses de Jéricho.

1. F. Lescuyer, *les Oiseaux dans les harmonies de la nature*, page 20.

« La vertu des plantes, dit l'Ecclésiastique, est faite pour être connue des hommes, et Dieu a donné la science aux hommes afin d'être honoré dans ses merveilles[1]. »

1. Ecclésiastique, XXXVIII, 6.

LÉGENDES DES OISEAUX

LES MÉNAGES DES OISEAUX

« Paresseux, va vers la fourmi, considère ses voies et deviens sage. »

Ainsi dit Salomon dans son livre des Proverbes. Nous pourrions bien encore, pour notre édification, observer les mœurs de plusieurs autres races d'animaux, notamment des oiseaux.

Je ne parle point des oiseaux domestiques dénaturés par nous. « Que l'on remarque, » dit Buffon, « le peu de besoin qu'ils ont de construire un nid, pour se mettre en sûreté, et se soustraire aux yeux, l'abondance dans laquelle

6

ils vivent, la facilité de recevoir leur nourriture, ou de la trouver toujours au même lieu, toutes les autres commodités que l'homme leur fournit, qui dispensent ces oiseaux des travaux, des soins et des inquiétudes que les autres ressentent et partagent en commun, et l'on retrouvera chez eux les premiers effets du luxe et les maux de l'opulence : libertinage et paresse[1]. »

Mais les oiseaux que nous n'enfermons point dans nos cages dorées, que nous ne propageons point dans nos basses cours, que nous n'engraissons point par un avare calcul, les oiseaux qui ne sont point viciés par nos fantaisies et nos soins perfides, qui vivent selon leur vraie nature et selon les lois de la Providence, nous donnent l'exemple du travail, de la sobriété, des devoirs de famille, et des fidèles affections.

Nul Naquet ne pourrait leur faire comprendre la question du divorce, et nul avocat, s'ils avaient, les innocents, des avocats, ne trouverait l'occasion de plaider parmi eux une cause de séparation.

L'appariement, dans leurs diverses peuplades,

1. Disccurs sur la nature des oiseaux.

ne se fait pas toujours sans quelques difficultés. Parfois plusieurs rivaux se disputent la même jeune oisillonne, pas pour sa fortune. La pauvrette n'a que la petite robe de plumes que le bon Dieu lui a donnée et jamais ne recevra le moindre héritage. C'est uniquement pour ses vertus et sa gentille physionomie qu'elle est si recherchée. Parfois ses prétendants en viennent au combat, à des coups de bec et de griffes plus vaillants que les coups de lance et d'épée des héros d'Homère, ou des chevaliers de la Table ronde.

Mais de quelque façon que l'union conjugale s'accomplisse, par une rencontre idyllique ou par suite d'un violent tournois, elle est, jusqu'à la mort indissoluble. Elle est dans les diverses péripéties de la vie fidèlement maintenue par un commun accord dans une tâche régulière. Il faut pourvoir aux besoins de chaque jour, se tenir en garde contre les pièges et les dangers de toute sorte, assembler les matériaux de la maisonnette et bâtir.

Quelques oiseaux seulement s'affranchissent de ce dernier labeur. Dans les parages désolés du cap Horn, l'indolent, le mélancolique pingouin se contente de creuser un trou dans la terre pour y mettre ses œufs. Le harle dépose les siens en plein air au bord des rochers, au-dessus des mers.

Mais les autres oiseaux ! Quels ingénieux et patients ouvriers ! Il y en a qui règlent les dimensions de leur demeure avec une rectitude géométrique et qui la consolident par les procédés les plus sûrs de l'architecture. Il y en a d'autres qui mériteraient d'être inscrits dans la corporation des tisserands, pour l'habileté avec laquelle ils tissent l'enveloppe de leur nid ; d'autres qui ajustent ensemble deux feuilles d'arbres et en font une sorte de pochette autour de laquelle ils passent un fil végétal, comme s'ils avaient appris à tailler et à coudre dans les ateliers de M. Worth.

Parmi ces habiles ouvriers, il faut citer le charmant petit oiseau qu'on appelle le linot de l'Inde. Un savant missionnaire en a fait une si intéressante description que nous ne pouvons résister au désir de la citer :

« Il est de la grosseur de notre linot. Il en a le plumage et la jolie tournure. Il est extrêmement familier et toujours en mouvement. Pour adoucir sa captivité, on met dans la chambre qui lui sert de prison un arbuste, une plante où sans cesse il monte et descend. Son gazouillement est d'une douceur extrême et ce qui est plus admirable encore, c'est l'adresse de cet oiseau à construire son nid. Il le fait avec de l'herbe verte d'un tissu aussi serré que celui de la grosse toile. Ce nid a la forme d'un sac ou d'une poche. Le linot le commence en liant fortement plusieurs brins d'herbe à l'extrémité d'une branche d'arbre. Il continue son travail en descendant le long de ce mobile échafaudage. Il le contourne et l'arrondit à sa base de telle sorte qu'il lui donne la forme d'un sachet suspendu par des cordes.

« Sur la place où elle est posée, la légère cellule échappe à la voracité des fourmis qui ne s'écartent pas assez du tronc de l'arbre pour voir ce qui se passe à l'extrémité de ses rameaux, et qui peut-être n'oseraient se confier à ce simple fil pour pénétrer dans la demeure aérienne. Par sa mobilité, le nid ainsi suspendu peut flotter au gré des vents et résister aux ouragans. Mais il peut arriver aussi que les liens soient relâchés ou pourris par une pluie abondante. Alors il tombe par terre et la couvée périt. Quel malheur ! tout est si joliment arrangé dans cette ingénieuse construction! Elle s'ouvre près de sa sommité, reçoit la lumière par une fenêtre ceintrée et se divise en deux étages. Celui d'en bas, terminé en cul-de-lampe, est destiné à la ponte. Celui d'en haut est le salon des parents. C'est là que tour à tour ils viennent prendre l'air et se reposer après avoir accompli leur tâche envers leurs petits. On les voit quelquefois tous les deux ensemble perchés sur leur balcon, la tête à la fenêtre, regardant comme de bons bourgeois la campagne. Pour que les petits, qui ne peuvent encore sortir, ne restent pas dans l'obscurité, le père, disent les Indiens, a soin de placer dans leur chambrette un ver luisant[1]. »

Les pattes menues des oiseaux sont leurs mains.

Leur bec est leur aiguille.

Cette affaire capitale, cette construction du nid n'est pas toujours prompte et facile. L'oiseau ne se trompe point dans le choix de son emplacement, ni dans l'assemblage des diverses choses dont il doit se servir. Mais il est exposé à diverses accidents. Parfois le mauvais temps l'empêche

1. Perrin, *Voyage dans l'Indoustan*, tome 1er, page 339.

de recueillir la légère ramille, la mousse, le flocon de laine ou de coton dont il a besoin. Parfois de méchants enfants détruisent la base de sa structure et il faut tout recommencer.

Enfin l'ouvrage est achevé. Le dernier brin d'herbe est dans le nid. Le jeune couple a sa demeure; les petits qui vont naître auront leur berceau. Le père entonne un chant de joie. La mère regarde encore silencieusement autour d'elle, comme pour s'assurer de nouveau que rien ne manque au logis où reposera sa couvée. Puis, tous deux vont faire une promenade en causant amicalement dans leur langage d'oiseaux, que par malheur nous ne comprenons pas. Ceux à qui ce mystère philologique a été révélé ont appris par là bien des choses merveilleuses, comme on le verra par les légendes que nous nous proposons de raconter.

Odin, le dieu suprême de la mythologie scandinave avait deux corbeaux qui faisaient de grands voyages et venaient lui dire ce qu'ils avaient vu en de lointains pays.

J'imagine que les gentils oiseaux de nos campagnes, qui travaillent à un même nid, s'entretiennent le soir au bord du ruisseau, sous la verte feuillée, des résultats de leur journée. Dans cette grande entreprise du ménage, le mâle a sa besogne distincte, et la femelle aussi la sienne. Le mâle va chercher les matériaux de l'édifice. La femelle les met en ordre.

Quand les œufs sont pondus, la mère les couvre de tout son corps, inquiète, palpitante, répandant sur eux sa chaleur et sa vie. Le père chante pour l'encourager, ou l'égayer dans son œuvre maternelle et lui apporte régulièrement sa nourriture. La nuit, il se perche près d'elle, et quelquefois il la remplace dans l'étroit berceau pour qu'elle puisse secouer ses ailes et se donner un peu de mouvement. Mais il n'est point patient comme elle, et ne peut rester longtemps immobile, accroupi.

Il y a des familles d'oiseaux comme des familles d'hommes où la tâche de la mère nous semble bien dure, et le père bien égoïste.

La vestale romaine qui avait manqué à ses vœux était ensevelie vivante. L'innocente femelle d'un oiseau de l'Afrique méridionale, qu'on appelle Kowe, semble condamnée au même supplice. Elle pond ses œufs dans le creux d'un arbre, et dès que le moment est venu où elle doit les couver, le mâle mure l'entrée du nid de telle sorte que la pauvre petite ne peut plus sortir. Elle n'a qu'une étroite ouverture par où elle passe son bec pour recevoir les graines nutritives que son heureux mari a la bonté de lui apporter. Elle reste enfermée dans sa noire cellule jusqu'à ce que ses nourrissons soient en état de prendre leur vol.

J'ai visité près de Reykiavik la plage de Vidæ où chaque année, au printemps, arrive une quantité d'*eiders*, autrement dits de canards à duvet. De là vient le meilleur édredon. Aussi est-il défendu de tirer là des coups de fusil, ou d'effaroucher par quelque vacarme les oiseaux de cette île qui donne aux pauvres Islandais une chère denrée.

La canne fait son nid par terre en s'arrachant elle-même ses grosses plumes. L'avide paysan s'empresse de les prendre. Elle prépare aussitôt une autre couche en s'arrachant les plumes plus menues. Nouvelle récolte pour les mains rapaces. Elle en vient à sacrifier son dernier duvet. Cette fois on la laisse nicher. On ne peut rien lui demander de plus. Elle est presque entièrement dénudée.

Tandis que la tendre mère se dépouille pour faire un doux berceau à ses petits, le père se pavane comme un beau monsieur, étalant au soleil son vêtement intact, causant avec ses voisins, sans perdre de vue cependant sa généreuse compagne. Que si par hasard, elle sort de son nid, désireuse de respirer un instant le grand air, le rigoureux maître s'élance vers elle et la ramène à sa couvée.

Mais la captive de Vidæ et la prisonnière d'Afrique ne sont point malheureuses. Elles ne se plaignent point de leur sort, et n'ont nulle envie de se révolter. Elles ne savent pas lire, les bonnes petites bêtes! Elles ignorent même l'invention de l'imprimerie, et n'ont pas la moindre idée des chroniques des tribunaux, des romans d'aventures, ni des doctrines d'émancipation professées par Mlle Hubertine Auclerc.

Dans le monde immense des oiseaux, grands et petits, nomades et sédentaires, il n'y a pas une infidélité, pas même une *flirtation*. Tant que la vie dure, le même mâle et la même femelle habitent le même nid. Le même mâle et la même femelle partent ensemble en automne et reviennent ensemble au printemps. La mort seule peut les séparer, la maladie ne les désunit pas. M. le docteur Brehm, à qui nous devons un excellent livre d'ornithologie, raconte que dans son voyage en Nubie, il fut très surpris un jour de voir au bord d'un lac, un couple de cigognes, à une époque où la caravane des cigognes était passée par là depuis longtemps. En examinant les deux retardataires, il reconnut que la femelle souffrante n'avait pu continuer son voyage, et le mâle n'avait pas voulu la quitter.

« Les oiseaux, dit Buffon, nous représentent donc tout ce qui se passe dans un ménage honnête, de l'amour suivi d'un attachement sans partage et qui ne se répand ensuite que dans la famille. »

C'est sans doute à leur moralité que les oiseaux doivent leur longue existence.

Selon les calculs scientifiques de M. Flourens, l'animal doit vivre sept fois le temps qu'il lui a fallu pour arriver au point culminant de sa croissance. L'homme n'en vient là qu'à vingt ans ; il devrait par conséquent vivre cent quarante ans. Ses vices et ses passions abrègent considérablement cette durée. Pour les oiseaux, au contraire, elle s'agrandit. Les charmants petits musiciens de nos bois et de nos champs, dont le développement s'accomplit en quelques semaines vivent dix et douze ans, les eiders vingt ans, l'aigle plus de cent ans.

DE L'AGRÉMENT
ET DE L'UTILITÉ DES OISEAUX

« Petits oiseaux, disait saint François d'Assise aux colombes, aux moineaux réunis autour de lui dans la vallée de Spolète, petits oiseaux, mes frères, vous devez singulièrement louer votre Créateur et l'aimer toujours, car il vous a donné des plumes pour vous couvrir, des ailes pour voler et tout ce qui vous est nécessaire. Il vous a faits nobles et beaux entre tous les ouvrages de ses mains et vous a choisi une demeure dans les régions de l'air[1] ».

1. Ozanam, *Les Poètes franciscains*, page 84.

En quelques mots, le tendre apôtre de la charité proclamait ainsi les dons merveilleux, les dons uniques des oiseaux, la vie aérienne, que souvent nous envions ; la beauté qui éblouit les yeux, la musique qui charme les oreilles, et va jusqu'au cœur.

D'un pôle à l'autre, partout vivent les oiseaux. Innombrables sont leurs légions, infinies leurs variétés. Dans les contrées tropicales, le vêtement splendide, l'or et la pourpre, les teintes les plus délicates, les couleurs les plus vives, le toucan qui a l'éclat de la tulipe, le colibri diamant ailé, le paradisier dont les plumes ondoyantes sont si recherchées.

Dans les parages du nord nichent en été les eiders au fin duvet, les cygnes au blanc plumage, blancs comme les neiges qui les entourent.

Dans nos régions tempérées, on ne compte pas moins de 287 espèces d'oiseaux dont plusieurs richement vêtues : le paon, le chardonneret, le bouvreuil, le loriot et le faisan qu'on appelle en Chine : l'oiseau fleuri[1] !

D'autres sont remarquables par leur vivacité,

1. Fulbert Dumonteil, *Portraits zoologiques*, page 105

leur grâce et leur élégance! la fauvette et la bergeronnette, le passereau et l'hirondelle.

« L'hirondelle, disait le célèbre chimiste Humphry Davy, est un de mes oiseaux favoris. Je me réjouis de la voir comme je me réjouis d'entendre le rossignol. Elle est l'amie de l'homme. Sans cesse, elle travaille à détruire autour de lui les insectes nuisibles. Oracle de la nature, elle nous annonce la belle saison. L'instinct qui règle ses mouvements et guide ses migrations provient d'une source divine[1].

Nous avons de plus que les chaudes contrées de l'orient et de l'équateur trente espèces d'oiseaux chanteurs de premier ordre.

Leur voix n'a pas l'étendue de la voix humaine mais une flexibilité merveilleuse, une variété de tons, de nuances insaisissables et souvent la sonorité des instruments de musique. Ici sur un rameau vert, au bord d'une source limpide, le son doux et velouté de la flûte; là les sons éclatants de la clarinette; ailleurs l'accent rustique du bignou, les vibrations du hautbois, les notes stridentes de la trompette, le sifflement argen-

1. Ed. Jesse, *Gleanings of natural history*, page 174.

tin du merle et du loriot, les pénétrantes intonations de la grive, le cri joyeux du pinson, le point d'orgue de l'alouette chantant son hymne religieux, aux rayons de l'aurore, dans l'église aérienne.

Le rossignol représente à lui seul plusieurs instruments de musique d'une facture surnaturelle. Il possède le répertoire entier des autres oiseaux.

« Tout est dans ses moyens, dit notre savant ornithologiste M. Lescuyer, tout, la note cristalline ou assourdie, vibrante, renforcée ou adoucie, rapide ou lente, impétueuse ou grave, incisive ou coulée, la cadence, le rythme, le charme, la durée et l'étendue de la mélodie, les battements en tierces, en sixtes, en octaves, les trilles, la période perlée, les roulades[1] ».

Rossignols et fauvettes, grives et pinsons, merles et chardonnerets, jusqu'à l'étourneau, l'amusant imitateur de ses voisins, le *gracioso* de la bande joyeuse, le *mockingbird* de nos régions, quel admirable orchestre ! Il n'y en a pas un pareil à notre grand Opéra ou à notre Conser-

1. *Langage et chant des oiseaux*, page 69.

vatoire. Et ces nobles artistes n'exigent pas de gros appointements et ne demandent pas qu'on les applaudisse, ni qu'on leur consacre de longs articles dans les journaux. Et pour les entendre, pas n'est besoin de solliciter un billet de faveur ou de payer une stalle très cher.

On dit qu'il y a en Suisse, dans l'Engadine, une colline boisée où jamais les alouettes ne chantent, parce que autrefois les habitants de ce district ont trahi leur seigneur[1].

Hélas! dans nos contrées, que de fois le peuple a commis le même crime de félonie et bien d'autres encore! Par bonheur, elles n'ont point été condamnées comme la colline de l'Engadine. Nul de nos chers oiseaux ne nous a été enlevé et nul ne manque à sa douce mission.

Il en est qui restent sans cesse près de nous, et l'hiver comme l'été gazouillent autour de nos foyers. Il en est qui doivent partir quand vient la saison froide et qui peuvent dire comme les oiseaux du poète suédois: « Où nous envoies-tu, Seigneur, sur quels bords nous appelle ton message? »

1. Tschudi, *Les Alpes*, page 109.

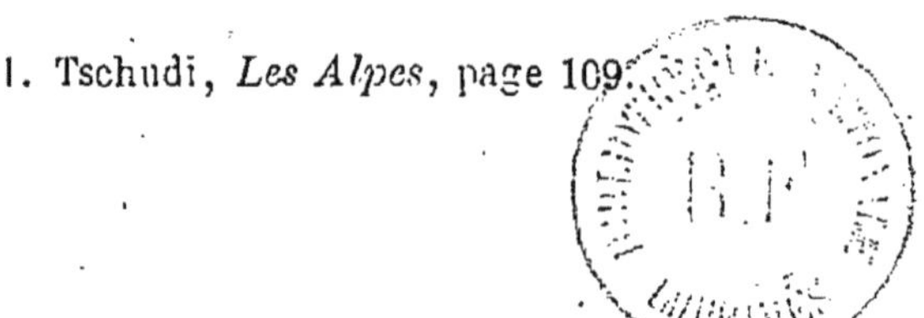

Le poète a compris ce mélancolique adieu et l'a traduit en une religieuse élégie[1].

L. Racine a fait de leur migration un tableau touchant :

Du départ général le grand jour est réglé.
Il arrive. Tout part. Le plus jeune peut-être
Demande, en regardant les lieux qui l'ont vu naître,
Quand viendra le printemps, par qui tant d'exilés
Dans les champs paternels se verront rappelés[2].

Ils s'en vont. Ils emportent au loin le souvenir des lieux où ils sont nés, de l'arbre où ils ont construit leur demeure, du sol qui les a nourris, du ruisseau qui les a désaltérés. Ils reviennent. Ils revoient le sol, le ruisseau, et ils chantent la joie du retour au pays natal, la joie du labeur au nouveau nid, la joie du dévouement à la nouvelle couvée.

Ah! les bons petits ouvriers! les vrais poètes de la nature[3]! Ils travaillent et ils chantent. Ils planent dans les airs, ils aiment et ils chantent. Ils font leur cueillette journalière dans les sil-

1. Stagnelius, *Flyttfoglarne*.
2. *La religion*.
3. The accredited and authenticaded poets of nature. — J. M. Le Moine, *The birds of Canada*.

lons ou dans les airs, et par leurs chants ils remercient la Providence.

Par leurs chants, ils récréent la ferme et l'atelier. Ils accompagnent le laboureur à la charrue, le pâtre dans les champs, et réconfortent le long du sentier solitaire le voyageur.

Ils sont les amis de l'homme, et nous sommes envers eux si souvent ingrats, et si souvent barbares! Voyez avec quels bons yeux ils nous regardent lorsqu'ils n'ont pas peur, et comme ils se plaisent à retourner vers le toit où ils ont été bien reçus.

Sur les plages de Bretagne retentit le refrain d'une vieille chanson :

Goëlands, goëlands,
Rendez-nous nos époux, rendez-nous nos amants.

Et les goëlands volent en pleine mer, au-devant des navires qui reviennent des lointains parages, comme s'ils allaient chercher les marins attendus avec une inquiète affection.

Les gentils musiciens de nos prairies et de nos bois ne chantent pas tous en même temps. A la façon dont ils se succèdent dans leurs harmonieux *solos*, on dirait que comme le muezzin, du haut de leur escalier aérien, ils annoncent plusieurs fois par jour l'heure de la prière. On dirait, dans nos pays catholiques, que comme les vigilants sacristains, ils sonnent l'*Angelus* du matin, du midi et du soir.

Linné a fait, comme chacun sait, une horloge des fleurs, et il a, dans le même ordre d'idées, composé une horloge ornithologique.

Bien avant le célèbre naturaliste, de sagaces observateurs regardaient déjà certains oiseaux comme des horloges ambulantes. J'en trouve un exemple dans les curieux mémoires d'un gentilhomme de Normandie, publiés récemment par M. l'abbé Tollemer.

Le 16 décembre 1558, l'honnête gentilhomme écrit : « Il estait vol de *Vitecos*[1] quand je partis de la maison Vaultier, » et plus loin : « il estait vol de *Vitecos* quand j'arrivai céans[2]. »

Mais les oiseaux ne se laissent point comme nous autres orgueilleux humains, abuser par les passions. Ils connaissent la marche du temps et savent ce qu'ils doivent faire chaque jour en

1. Probablement la bécasse; de l'anglais *Wood-cock*.

2. *Journal manuscrit du sire de Gonberville, gentilhomme campagnard du Cotentin*, page 129.

chaque saison. Au premier rayon de l'aube, le rouge-gorge et l'alouette entonnent leur hymne religieux. Le rossignol réserve pour la nuit silencieuse ses plus belles mélodies.

En Amérique, c'est aussi dans le silence nocturne qu'on entend le cri plaintif du *Whip poor Will*, l'oiseau de la nuit solitaire et triste[1].

Dans les forêts de la Guiane retentit du matin au soir avec une étonnante régularité le chant d'un oiseau blanc comme la neige. Non, ce n'est pas un chant, c'est un tintement pareil à celui d'une cloche : d'abord un coup, puis une pause d'une minute; un second, un troisième séparés par les mêmes pauses, puis un silence de six à huit minutes; et le même tintement continue. Cet oiseau s'appelle *Campanero*, sonneur de cloches[2].

Par leur beauté et leur variété, leurs chants et leurs cris, les oiseaux sont les vrais représentants de la vie, de la jeunesse et du mouvement dans la nature.

Par la régularité de leur vie, ils nous donnent de bons exemples. Par leur instinct, leur *extra-*

1. *Bird of the lone and joyless night.* L. F. Ellett.
2. Ch. Watterton. *Wanderings in South-America*, page 99.

neria ratio, dit Grotius, ils nous émerveillent[1].

Et quels services matériels sans cesse ils nous rendent!

Ils transportent à de grandes distances des œufs de poisson et introduisent dans les rivières, les étangs et les marais des espèces qui n'y avaient jamais existé[2]. Ils répandent bien mieux encore, de tous côtés, des graines, des semences fructueuses. C'est ainsi que le sorbier et le sureau sont transplantés par des oiseaux chanteurs sur les murs des vieux châteaux. Ainsi les grives disséminent le gui et le genévrier. Par le même mode de migration, deux cent soixante espèces de plantes ont été répandues sur le Colisée de Rome[3].

Il y a des pays où certains oiseaux remplissent d'importantes fonctions. A la Guiane, l'agami fait à la fois l'office de garde champêtre et de berger. C'est lui qui surveille les basses-cours et conduit les volailles aux champs. C'est lui qui

1. Pierre Pichot, *Le jardin d'acclimatation*, un charmant livre.

2. F. Lescuyer, *Les oiseaux dans les harmonies de la nature*, page 163.

3. Ch. Müller, *Merveilles du monde végétal*, tome I, page 91.

fait respecter les sillons, protège et garde les troupeaux. Rien n'échappe à la vigilance de son regard et ses grandes jambes lui permettent d'être partout[1].

Dans les Indes, le marabout assainit les villes, en les purgeant de leurs immondices. Avec sa tête chauve, son bec énorme, ses longues jambes grêles, il est très laid et dans sa laideur possède cependant un petit ornement très convoité. C'est ce duvet blanc et soyeux dont on fait d'élégantes coiffures. Mais la loi protège ces oiseaux si utiles. Quiconque en tue un est puni d'une amende de 125 francs, et les marabouts se promènent librement dans les rues populeuses de Calcutta, au milieu des chevaux et des voitures.

Au cap de Bonne-Espérance est le serpentaire, qu'on aime à voir dans les plantations et les jardins. Il détruit les reptiles venimeux.

Dans les mêmes régions est l'étrange petit oiseau que M. Cumming appelle l'oiseau à miel. Il cherche les nids d'abeilles cachés dans les creux d'arbre. Dès qu'il en a découvert un, il se perche au bord du chemin sur un rameau, et

1. Fulbert Dumonteil, *Portraits zoologiques*, page 39.

par ses cris et par ses mouvements s'efforce d'attirer l'attention des voyageurs. Dès qu'il y est parvenu, il s'en va sautillant, frétillant, et à diverses reprises se retournant pour voir s'il est suivi. Puis, lorsqu'il est arrivé à son but, il indique par un mouvement de son bec la place où est le nid mystérieux, et va se poser sur un arbre voisin et attend. Les pauvres abeilles sont enfumées, leur miel enlevé, et l'actif oiseau en ayant reçu pour sa peine une bonne part, continue avec une nouvelle ardeur ses investigations[1].

Dans les forêts de la Nouvelle-Guinée, le cacatoës noir aime à voler sur les rameaux du muzooï, et par ses cris il aide les indigènes à trouver cet arbre recherché[2].

Au Pérou est une espèce d'épervier qui attaque intrépidement les vipères les plus dangereuses. Les Indiens avaient remarqué que lorsque le courageux oiseau était mordu, dans un de ses combats, il courait aussitôt aux branches d'une plante qu'ils appellent *Vejuro de huaro*. L'idée leur vint d'essayer eux-mêmes cet

1. G. Cumming, *Adventures in the far interior of south Africa.*

2. H. de Bondyck, *Voyages à la Nouvelle-Guinée*, page 24.

antidote, et ils reconnurent qu'en buvant une décoction de cet arbuste providentiel, ils paralysaient l'effet d'une morsure de serpent[1].

Dans nos pays, on a souvent proclamé la reconnaissance que nous devons à une quantité d'oiseaux.

On ne peut assez la proclamer.

Pour apprécier la puissance salutaire de leur action, il faut savoir l'étendue et la continuité de nos périls.

Dernièrement, un de nos sénateurs les plus distingués, M. de la Sicotière, signalait dans un éloquent discours ces périls de dévastation et de famine auxquels nous sommes de tous côtés sans cesse exposés par ces nuées d'insectes qui se jettent sur nos bois, sur nos vignes, sur nos arbres fruitiers, sur nos céréales, par ces myriades de ravageurs qui se multiplient, à mesure que les cultures s'étendent et se perfectionnent. Si quelquefois une de leurs espèces semble disparaître, elle est aussitôt remplacée par d'autres plus acharnées encore à l'œuvre de destruction.

Nous essayons en vain de les détruire. Nous

1. J. Z de Tschudi, *Peru-Reiseskizzen*.

ne pouvons les atteindre dans leurs cellules secrètes. Il en est qui résistent même à la submersion, et aux froids les plus rigoureux[1].

Par millions et millions se reproduisent les insectes rongeurs du chêne, du sapin, de l'olivier, du pommier, les pucerons de nos vergers et de nos jardins, les larves du blé, du colza, de l'avoine, des plantes légumineuses et des plantes industrielles, comme le pastel, le houblon, la garance.

De l'Amérique nous est venu l'insecte microscopique qu'on appelle le phylloxera, dont les ravages dans nos vignobles sont évalués à plus de trois cents millions de francs par an.

De l'Amérique peut nous venir encore le doryphora, qui dévaste les champs de pommes de terre. Et l'on ne peut, sans épouvante, calculer le produit de ses pontes chaque année.

« O homme, s'écrie un de nos ornithologistes, dont nous avons à déplorer la perte, que tu es faible et petit en face de ces puissances! Hélas! nous perçons les montagnes, nous joignons les mers; notre parole vole sur un fil d'un bout du

1. Rapport au Sénat. 10 décembre 1877.

monde à l'autre, et nous ne pouvons détruire la fourmilière qui envahit nos demeures. »

« L'oiseau, ce merveilleux organisme, est le modérateur de la puissance exagérée des insectes. L'oiseau seul peut poursuivre l'insecte dans l'air, ou sous la feuillée; lui seul peut sonder l'écorce et, par un admirable instinct, y découvrir l'ennemi que nos sens obtus laissent inconnu pour nous. Lui seul le saisit au fond du calice de la fleur, là où notre maladresse n'ira jamais le chercher. Il faut son aile, son bec aigu, sa serre robuste ou mignonne, son œil perçant, son odorat subtil, ses sens, dont nous ignorons encore l'organe, pour nous délivrer de la plaie permanente qui ronge notre agriculture, de ces parasites naissant par myriades autour de nous, et marchant d'un pas assuré à la conquête de l'homme désarmé en face d'eux[1]. »

En des termes graves, M. Tschudi, le savant naturaliste suisse, nous décrit cette même mission des oiseaux. « Dans l'esprit des lois éternelles qui président à la vie de la nature, les oiseaux sont destinés à être, à leur manière, les

1. H. de la Blanchère, *Les oiseaux utiles et nuisibles*, page 10.

défenseurs de l'ordre, les conservateurs de cette admirable économie. En enlevant les restes des animaux morts, aussi bien qu'en détruisant les mouches, les fourmis, les coléoptères perforants, et les chenilles si nuisibles aux forêts, les oiseaux empêchent la substance animale d'acquérir une prépondérance qui deviendrait bientôt perturbatrice[1]. »

Comme ils travaillent, ces oiseaux, pour protéger notre moisson, pour accomplir leur tâche! Qu'on regarde par exemple les martinets qui vivent près de nous, qu'il est facile d'observer. Au 15 juin ils se lèvent à 3 heures 40 minutes, et se couchent à 8 heures 30, donnant ainsi dix-sept heures à leur industrie d'émoucheurs. Ils mangent en volant, et si pour la sieste ou pour toute autre cause, ils prennent quelques instants de repos pendant la journée, ils se multiplient d'autant plus le matin et le soir. C'est alors que de leurs cris perçants ils effraient et mettent en mouvement, pour les happer, les insectes de nuit et de jour que le sommeil engourdit déjà, ou qui se réveillent à peine[2]. »

1. Tschudi, *Les Alpes*, page 77.
2. F. Lescuyer, *Langage des oiseaux*, page 61.

Prodigieuse, comme nous l'avons dit, est la reproduction des insectes; prodigieuse aussi leur destruction par l'activité des oiseaux.

On calcule qu'un couple de moineaux, dans le temps où il nourrit sa couvée, anéantit plus de 3000 chenilles par semaine[1]. On peut croire que l'étourneau fait aussi un fameux holocauste quand il s'en va derrière le laboureur, cherchant les vers blancs que le soc de la charrue met à découvert.

En hiver, quand nous sommes tranquillement assis au coin de notre feu, à l'abri de la neige et du vent glacial, doucement bercés peut-être dans l'égoïste satisfaction du *suave mari magno* de Lucrèce, nos infatigables défenseurs, nos oiseaux sédentaires continuent en cette cruelle saison à veiller sur nos biens, à chercher, à poursuivre les larves, les insectes dans nos champs, dans nos bois.

Nous devons bien les aimer ces oiseaux qui par leurs retours périodiques, par leurs grâces et leur musique, nous donnent tant d'agréables émotions, qui par leur intelligence et leur activité

1. La Jesse, *Glanings of natural history*, page 20.

nous préservent des plus effroyables désastres. Nous devons les aimer, les choyer, écarter d'eux toute arme meurtrière, toute embûche, et leur offrir au besoin un paisible asile.

Ainsi devons-nous faire par un juste sentiment de gratitude et dans notre intérêt.

Mais non, l'homme n'a point tant de raison, ni tant d'équité. Une fantaisie, une satisfaction d'un moment, suffit pour le détourner d'une bonne pensée et le rendre cruel.

Il y a des oiseaux dont le vêtement diapré plaît aux regards. On les tuera pour orner de leurs plumes une coiffure qui aura la durée d'un bal.

Il y a des oiseaux dont la chair est fine et savoureuse. On les tuera pour satisfaire de capricieux appétits.

L'alouette, dont les mélodies nous réjouissent dès l'aurore, est bien petite. Tant mieux. Son exiguïté la rend plus désirable. On la tuera, la charmante musicienne, pour la mettre à la broche ou dans un pâté.

Voici le rouge-gorge qui s'en va dans une de ses migrations, sautillant et chantonnant, heureux d'aller revoir les lieux où il a innocemment vécu, où il espère vivre encore.

On l'arrête en chemin comme un vagabond, comme un malfaiteur, et on lui tord le col.

Le gentil rouge-gorge, qu'on appelle en Franche-Comté l'oiseau du bon Dieu! Si nous accordions aux modestes oiseaux des prix que nous nous décernons si libéralement dans notre orgueil, celui-là mériterait un prix de chant dans un conservatoire, un prix de vertu pour la pureté de ses mœurs, un prix agricole pour les services qu'il rend à l'agriculture, par l'ardeur avec laquelle il poursuit les insectes[1].

Mais il ne faut pas moins d'une douzaine de rouges-gorges pour faire un rôti convenable, et on les tue, ces douces petites bêtes, par douzaines, par centaines, par milliers [2].

Pour donner une prompte et abondante pâture aux gourmands, la poudre et le plomb ne suffisent plus. On y joint les lacets, les réseaux et divers autres engins meurtriers. C'est ainsi que dans notre pays, sur les grands chemins des oiseaux de passage, au sud, le long de la

1. Lescuyer, *Langage et chant des oiseaux*, page 80.

2. Dans le beau pays que nous avons si malheureusement perdu, le Canada, la loi punit d'un emprisonnement de dix jours quiconque tue un rouge-gorge ou une mésange. J. M. Le Moine, *The birds of Canada*, page 18.

Méditerranée, au nord, dans les défilés de nos montagnes, chaque année tombent tant d'innocentes victimes.

Sur un autre chemin, aux environs du lac Majeur, au pied des Apennins et des Alpes, en plusieurs endroits où la barrière des montagnes s'abaisse et s'ouvre devant les ailes fatiguées des émigrants, la *wild Jagd*, la chasse sauvage, est encore plus féroce et plus sanglante. Sur les bords du lac Majeur, on prend chaque année plus de 60 000 oiseaux chanteurs. A Bergame, Vérone, Chiavenna, Brescia, c'est par millions qu'on les détruit. Voilà pourquoi l'Italie, le pays de la musique et du chant, est si pauvre d'oiseaux chanteurs, de même que le canton du Tessin, où depuis longtemps la chasse se pratique à l'italienne, si bien que le moineau est devenu une rareté[1] !

Il y a, dit-on, des oiseaux nuisibles dont nous devons absolument nous délivrer.

Absolument, si c'est notre droit, mais pas pourtant sans examen.

Déjà on a reconnu que plusieurs espèces

1. Tschudi, *Les Alpes*, page 80.

d'oiseaux, rangées dans la mauvaise catégorie, méritaient une autre place que celle qui leur était assignée par d'anciens préjugés.

Ainsi, en Amérique, l'engoulevent nocturne, le *goatsucker* a été d'âge en d'âge dépeint comme un misérable qui, la nuit, va traire les chèvres, ou les vaches et les brebis, et, dans sa gloutonnerie, tire le meilleur de leur lait.

« Pauvre innocent petit oiseau, s'écrie M. Watterton, tu n'as jamais dérobé à l'homme une parcelle de son bien! Suivez-le à la clarté de la lune. Vous le verrez pénétrer au milieu du troupeau, sauter sur les flancs ou se glisser sous les mamelles d'une chèvre, d'une vache, d'une brebis; que fait-il? Regardez. Il poursuit et enlève les insectes nocturnes qui tourmentent ces bêtes. Toutes reconnaissent ses bons offices. Pas une d'elles ne lui donnera un coup de queue et ne fera un mouvement pour le chasser. »

« Que si, après cette opération, son estomac était ouvert, on y trouverait un monceau de mouches et pas une goutte de lait. »

En France, il y a encore des paysans qui croient faire un acte de justice en clouant par les ailes une chauve-souris sur la porte de leur grange.

La chauve-souris, les rapaces nocturnes généralement détestés dans les campagnes, devraient être protégés et encouragés. Ils ne poursuivent que les rongeurs, les reptiles et les gros insectes.

Longtemps aussi les freux ont été fort mal notés. Aujourd'hui on est plus juste envers eux. C'est vrai qu'ils maraudent dans les champs. Mais ils détruisent une quantité de blattes, de hannetons et de vers blancs.

Le pivert doit être pleinement réhabilité. C'est l'habile éplucheur des écorces, l'ennemi déclaré des fourmis, des pucerons et d'une race funeste de coléoptères. Il n'endommage point, comme on l'a dit, nos arbres, il y découvre par son instinct, par la vue et l'odorat, un point attaqué par la carie, pourri par une infiltration d'eau. Là sont entrés les insectes.

Le pivert arrive, sonde la plaie d'un coup de bec, puis enlève les fibres décomposées du bois, plonge dans le trou qu'il a découvert, et élargit sa longue langue gluante armée de crocs tournés en arrière, et en amène toute la vermine dont il fait curée[1].

1. H. de La Blanchère, *Les oiseaux utiles et nuisibles*, page 144.

Le pigeon ne nous délivre d'aucun mauvais animalcule, et fait de solides repas dans nos champs. Le blé et la navette l'attirent; les pois, les fèves et les haricots lui plaisent. Il s'arrête volontiers à déguster les tendres bourgeons des arbres et des arbustes, et quand il en trouve l'occasion, il se fait des fraises purpurines un joyeux dessert.

De tout cela, le laboureur et le jardinier sont fort irrités, et il faut avouer qu'à cette vie de rapines se livrent sans scrupule toutes les familles de pigeons : ramier, colombier, bizet, pigeon nomade, pigeon sédentaire, même le pigeon domestique, même la douce tourterelle.

Mais qu'il est admirable ce pigeon dont nous faisons notre messager! Quel vol rapide, et quelle puissance d'instinct!

Ils s'en souviennent ceux qui étaient à Paris au temps de notre dernière guerre, Paris assiégé, bloqué, bombardé par les Prussiens.

Dans les agitations des combats, dans les souffrances du ténébreux hiver et de la disette, la souffrance morale, la plus cruelle de toutes, nulle nouvelle de la province, de la ville, du village aimé où un père, une mère, une femme, des enfants se désolaient aussi de n'avoir nulle nouvelle de nous.

Un cercle de feu et de fer, un cercle infranchissable nous séparait du monde entier.

Un jour, des pigeons de Paris sont placés dans un ballon qui les emporte au delà de nos barrières.

En différents lieux, on place sous leurs ailes les fines feuilles de papier, les trésors de dépêches qu'ils doivent nous remettre comme de fidèles facteurs. Puis on les lâche. Ils s'élancent en spirale dans les airs, agrandissant leur cercle à mesure qu'ils montent, et tout à coup se dirigent vers les murs lointains, les murs invisibles où est leur colombier.

Nul géographe ne leur a dessiné leur route. Nul point de repère ne les guide dans les espaces aériens, comme le chamelier dans le désert. La géographie est dans leur instinct. Le souvenir est leur boussole.

De ces prodigieux courriers, les uns sont revenus heureusement en ligne directe près de nous, avec une vélocité que nulle locomotive ne pourrait égaler. D'autres sont revenus aussi en bon état, mais moins vite. Quelques-uns meurtris, blessés, revenaient pourtant, et tombaient mourants sur le sol qu'ils voulaient atteindre.

Hélas ! ils n'annonçaient pas la victoire comme le soldat de Marathon, mais ils portaient sous leurs plumes ensanglantées les précieux billets confiés à leur courage, à leur héroïsme.

Pour le soulagement que les pigeons nous ont donné dans nos angoisses, pour le bien qu'ils nous ont fait, je voudrais que toute leur race fût amnistiée de ses délits dans les champs et les bois.

Faut-il dire toute ma pensée? Je voudrais qu'il ne fût plus permis de tuer un seul oiseau, ni grand, ni petit, ni ceux-là même que l'on dit nuisibles, puisqu'on en vient constamment à démontrer par de sérieuses observations que les nuisibles ont aussi leur utilité.

Le pharisien monte au temple pour faire sa prière, se tient debout, et dit en lui-même : « Mon Dieu, je vous rends grâces de ce que je ne suis pas comme le reste des hommes. »

Loin de nous cet orgueil du pharisien, condamné par l'Évangile.

Mais il me semble qu'ils auraient un honnête contentement ceux qui pourraient dire : « Je n'ai dans le cours de ma vie bouleversé aucun nid, inquiété aucune couvée, ni fait périr aucun oiseau. »

LÉGENDES DES OISEAUX

Qui pourrait dire ce qu'il y a de poésie dans le monde des oiseaux? poésie dans leur essor aérien et la grâce de leurs mouvements, poésie dans la beauté de leurs formes et la splendeur de leur parure, poésie dans leurs roucoulements et leurs chants mélodieux[1].

Quelle étonnante variété ! Quelle merveilleuse création, depuis le condor, qui étend ses grandes

1. L'homme doit peut-être au chant des oiseaux sa première initiation à la nature, et c'est encore par leur voix qu'elle se révèle à son âme de la façon la plus aimable, la plus pénétrante.
Champfleury, *Les oiseaux chanteurs des bois*, page 1. Paris, Rothschild, 1870.

ailes à la cime des Andes jusqu'au roitelet, qui se cache sous une feuille d'arbre, depuis le lourd et silencieux pingouin des sinistres parages jusqu'à la vive et joyeuse fauvette de nos vallées, depuis le pétrel qui se berce sur les vagues de la mer, dans le mugissement de la tempête, jusqu'au radieux colibri qui scintille aux rayons du soleil comme un diamant et se repose comme une abeille dans le calice d'une fleur!

Un de nos anciens missionnaires dans nos colonies de l'Amérique du Nord, le frère Sagard, en son naïf langage, a fait une description de l'oiseau-mouche, que l'on voit au Canada. Je ne puis résister au désir de la citer.

« L'oyseau le plus beau, le plus rare et le plus petit qui soit peut-être au monde, c'est le *Vicilin* ou Oyseau mouche, que les Indiens appellent en leur langue *Ressuscité.* Il n'est pas plus gros qu'un grillon, il a le bec long et délié, de la grosseur de la pointe d'une aiguille, et ses cuisses et ses pieds aussi menus que la ligne d'une écriture. L'on a autrefois pesé son nid avec les oyseaux, et trouvé qu'il ne pesait pas davantage de vingt-quatre grains. Il se nourrit de la rosée et de l'odeur des fleurs, sans se poser sur elles, mais seulement en voltigeant par-dessus. Sa plume est aussi déliée que le duvet et est très plaisante et belle à voir pour la diversité de ses couleurs.

« Cet oyseau, à ce qu'on dit, se meurt, ou pour mieux dire, s'endort au mois d'octobre, demeurant attaché à quelque petite branchette d'arbre par les pieds, et se réveille au mois d'avril, quand les fleurs sont en abondance, et quelquefois plus tard, et pour cette cause est appelé en langue mexicaine : *Ressuscité.* Il en vient une quantité en nostre jardin de Kébec, lorsque les fleurs et les pois sont fleuris, et prenais plaisir de les y voir, mais ils vont si vite que, n'était qu'on en peut approcher de fort près, à peine les prendrait-on pour oyseaux, ains pour papillons, etc.[1]. »

L'arbre ne grandit point partout. L'herbe même n'étend point partout à la surface de la terre son vert tapis.

En allant de nos régions tempérées vers les régions polaires, on voit de distance en distance l'appauvrissement graduel et continu de la végétation. D'abord l'arbre fruitier disparaît, puis le

1. *Le grand voyage au pays des Hurons.*

chêne, puis le sapin et le bouleau. Ensuite, on ne trouve plus que le bouleau nain. Au Spitzberg, on ne trouve plus que trois espèces de chétifs arbrisseaux; çà et là dans les dépressions marécageuses, entre les rocs noirs et les masses de neige, quelques mousses humides ; çà et là, sur la plage échauffée par une couche de guano, quelques graminées, quelques frêles, débiles, éphémères renoncules[1].

Mais à cette extrémité du globe, dans ce désert de glace, il y a des légions d'oiseaux, des lagopèdes, qui restent là sans cesse, des pétrels et des guillemots qui chaque été reviennent faire leur nid sur ces plages désolées.

Les flots de la mer leur donnent l'aliment que la terre aride leur refuse.

Ainsi partout les oiseaux, et partout ils animent les lieux où ils apparaissent. Partout ils attirent les regards et occupent la pensée de l'homme. Le chasseur, hélas ! les tue. Mais l'enfant les admire ; le savant les étudie ; le peintre essaie de reproduire l'éclat de leurs couleurs ; le poète les associe à ses rêves, à ses aspirations, et la

1. Ch. Grad, *Esquisse physique des îles Spitzberg*, page 82.

Bible souvent les cite dans son magnifique langage.

« Dans votre pensée, dit l'Ecclésiaste, ne médisez pas du roi, et dans votre demeure la plus secrète ne maudissez pas le riche, parce que les oiseaux du ciel porteront votre voix, et ceux qui ont des ailes publieront vos secrets[1]. »

« Je suis, dit le Psalmiste, devenu semblable au pélican du désert, j'ai été comme le hibou des solitudes[2]. »

Et plus loin : « Notre âme est délivrée comme le passereau des filets de l'oiseleur[3]. »

« Comme l'oiseau s'enfuit, dit le Livre des Proverbes, comme l'hirondelle s'envole, ainsi sera dispersée la malédiction téméraire[4]. »

« Le milan, dit Jérémie, connaît dans le ciel son jour; la tourterelle, l'hirondelle et la cigogne gardent le temps de leur passage. Mais mon peuple n'a point connu les jugements de Dieu[5] ».

« Les oiseaux du ciel, dit saint Luc, ont des

1. Chapitre X, verset 20.
2. Psaume 101.
3. Psaume 123.
4. Chapitre XXVI.
5. Chapitre VIII.

nids. Mais le Fils de l'Homme n'a point où reposer sa tête[1]. »

Dans les livres saints, la colombe, la blanche et douce colombe, est particulièrement remémorée et célébrée.

« Je crierai, dit Isaïe, comme les petits de l'hirondelle, je gémirai comme la colombe[2]. »

« Qui me donnera, s'écrie le Psalmiste, des ailes comme à la colombe? Je m'envolerai et je me reposerai[3]. »

« Les femmes, dit le prophète Nahum, étaient traînées, soupirant comme des colombes[4]. »

A l'arche de Noé, la colombe apporte le rameau vert qui annonce la fin du déluge.

De l'atmosphère céleste, la colombe descend sur la tête de Notre-Seigneur à l'heure où il est baptisé dans les flots du Jourdain.

Symbole de vertu, symbole de douleur, aucun symbole n'a été aussi souvent reproduit que celui de la colombe par les premiers chrétiens. « Ils l'ont reproduit dans leurs monuments de

1. Chapitre IX.
2. Chapitre XXXVIII.
3. Psaume 54.
4. Chapitre II.

tout genre : peintures, mosaïques, tombeaux, lampes, anneaux, vers dorés, ou peints[1]. »

Dans un des livres primitifs de l'Inde, le *Rig-Véda*, le soleil et la lune, Indra et Soma, sont dépeints comme deux oiseaux qui volent sans cesse autour du même arbre.

« La sagesse des oiseaux, dit M. de Gubernatis, est très célèbre dans la tradition populaire aryenne.

« Les oiseaux connaissent tout. C'est pour cette raison qu'ils fournissent spécialement des présages[2]. »

De même dans les anciennes traditions germaniques et scandinaves, les oiseaux sont instruits des choses les plus importantes. Les oiseaux sont les messagers des dieux[3].

Dans l'antiquité, les oiseaux ont été de même glorifiés. L'ibis est adoré par les Égyptiens. Le phénix est l'image de l'immortalité. L'aigle tient dans ses serres la foudre de Jupiter, le paon est consacré à Junon, le hibou à Minerve, le cygne à Apollon.

1. L'abbé Martigny, *Dictionnaire des antiquités chrétiennes*.
2. *Mythologie zoologique*, tome II, page 177 et suivantes.
3. Grimm, *Deutsche Mythologie*, page 156.

La colombe, à travers la vaste forêt, conduit Enée au rameau d'or[1]. La corneille et le corbeau par leurs cris, l'aigle et le vautour par leur vol, les poulets sacrés par leur appétit ou leur abstinence, annoncent aux augures de Rome les grands événements.

Dans les pieuses croyances et les naïfs enseignements du moyen âge, les oiseaux tiennent une grande place.

Un des évangiles apocryphes représente l'enfant Jésus façonnant de petits oiseaux avec de la terre. D'un souffle il les anime, et on les voit voler autour de lui[2].

Une légende musulmane dit que Salomon comprenait le langage des oiseaux. Un jour, il se mit à causer familièrement avec plusieurs d'entre eux, et il était émerveillé de leurs graves réflexions.

1. *Enéide*, livre VI.

2. Les évangiles apocryphes, publiés par G. Brunet, page 58. Le Coran raconte le même miracle en ces termes : « Jésus « sera l'envoyé de Dieu auprès des enfants d'Israël. Il leur dira : « Je viens vers vous accompagné des signes du Seigneur. Je for- « merai de boue la figure d'un oiseau, je soufflerai dessus, et par « la permission de Dieu l'oiseau sera vivant. » Chapitre III, verset 43.

« Pour beaucoup d'êtres, disait la mélancolique colombe, mieux vaudrait ne pas être. »

« Savoir se contenter de son sort, disait le rossignol, est le meilleur des biens. »

Puis la huppe soupirait : « Celui qui n'a pas pitié des autres n'inspirera point de pitié quand il en aura besoin. »

Et l'alouette : « Faites le bien, vous en serez récompensé. »

Et le misanthropique corbeau : « Plus loin des hommes, mieux je suis. »

Et le coq matinal : « Pensez à votre créateur, ô frivoles mortels ! »

Au milieu de cette myriade de chantres ailés, Salomon choisit, pour les garder près de lui, la huppe, parce qu'elle avait prononcé une sentence de charité, et le coq, parce qu'il pouvait plonger son regard lumineux dans les profondeurs de la terre et indiquer les lieux où des sources d'eau vive sont cachées sous le sable. Il éprouvait aussi un intérêt particulier pour le pigeon, et il lui dit de s'établir sur les murs du temple. Quelques années après, les pigeons s'étaient tellement multipliés, que de leurs ailes étendues ils formaient un voile sur les innombrables cohortes de pèlerins qui, aux jours de fête, se rendaient à Jérusalem.

Pour voir une plus grande partie des œuvres de Dieu, pour s'instruire, Salomon se mit à voyager, non point comme nous voyageons, nous autres pauvres hommes, avec de lourdes voitures ou de grossiers bateaux, par la boue du macadam ou par les vagues orageuses. Non, ce n'était pas ainsi qu'il parcourait l'espace, le puissant Salomon. Grâce à son universel pouvoir, il avait inventé un moyen de locomotion près duquel les plus magnifiques wagons de chemins de fer et les plus riches palanquins du gouverneur de l'Inde ne seraient que de misérables véhicules. Il s'était fait tisser par les Djins un tapis en soie de quatre lieues d'étendue. Au milieu de ce tapis, on plaçait son trône, puis des sièges en or, en argent, en bois, pour la multitude de personnes de différentes classes qu'il emmenait avec lui, puis les meubles et les provisions nécessaires.

Quand tous les préparatifs étaient achevés, Salomon s'asseyait sur son trône et ordonnait aux vents de faire leur devoir. Aussitôt les vents soulevaient doucement le tapis et l'emportaient d'un vol rapide vers le lieu qui leur était indiqué.

Au-dessus de la caravane aérienne se tenait une nuée d'oiseaux qui de leurs ailes formaient un dais splendide.

Un jour, à un rayon de soleil pénétrant à travers son pavillon, le roi s'aperçut qu'un oiseau manquait à son poste. Il demanda à l'aigle le nom du délinquant, et l'aigle, après avoir fait comme un fourrier l'appel nominal de tous les oiseaux de sa légion, lui dénonça la désertion de la huppe. Un instant après, la coupable apparut toute tremblante, inclinant la tête devant Salomon.

« J'ai failli, dit-elle, à mon devoir. Mais quand tu sauras comme je me suis laissé entraîner loin de toi, tu me pardonneras.

— Parle, dit Salomon, qui est irrité contre l'oiseau, mais qui ne veut pas le condamner avant de l'avoir entendu.

— Eh bien, j'ai rencontré à la Mecque une huppe de ma connaissance qui m'a fait un tel tableau des merveilles de Saba, que je n'ai pu résister au désir de visiter cette contrée, et j'ai vu ses prodigieuses richesses, et j'ai vu sa reine Balkis, la plus belle des reines[1].

1. Dr G. Weill. *Biblische Legenden der Muselmænner.*

C'est ainsi que, selon la légende musulmane, Salomon apprit par un petit oiseau l'existence de la grande souveraine dont la Bible raconte le voyage à Jérusalem[1].

Au temps où nous vivons, la huppe aurait de la peine à découvrir des félicités de rois et de reines, mais elle donne à ceux qui l'observent un touchant exemple de piété filiale. Quand les jeunes huppes s'aperçoivent que leur père est devenu vieux, que sa vue est obscurcie et qu'il se meut difficilement, elles lui apportent à manger dans son nid, lui enlèvent les plumes avariées, lui oignent les yeux et l'échauffent sous leurs ailes, « tant que sa plume, dit Brunetto Latini, est renovelée, et il va et il vient seurement là où il vuet[2]. »

Brunetto dit aussi que lorsque les grues font leurs grands voyages, si l'une d'elles paraît fatiguée, ses compagnes les plus vaillantes viennent aussitôt se placer sous son corps et la portent sur leurs ailes jusqu'à ce qu'elle ait repris ses forces.

Par d'autres oiseaux, on avait, au poétique et

1. *Livre des Rois*, Chapitre x.
2. *Li Livres dou Trésor*, page 216.

religieux moyen âge, bien d'autres enseignements et d'autres émotions.

Au temps de Charlemagne, saint Mainrad s'était retiré au fond d'une sauvage forêt de la Suisse pour y vivre dans la méditation et la prière.

Deux scélérats l'égorgent, croyant trouver des trésors dans sa cellule. Aucun être humain ne les avait vus, et ils comptaient bien que leur crime resterait impuni. Mais deux corbeaux étaient là qui vivaient habituellement près du pieux ermite et qui, le voyant étendu par terre, baigné dans son sang, se mettent aussitôt à la poursuite de ses assassins. Ils les poursuivent par monts et par vaux, rapides comme les cigognes d'Ibycus, inflexibles comme les Euménides. En vain les meurtriers, remarquant l'étrange persistance de ces témoins de leur crime, essaient de leur échapper en se glissant le soir dans les ravins ou se cachant dans les bois.

Le lendemain, dès qu'ils se remettent en route, ils voient s'ouvrir devant eux les ailes noires des oiseaux vengeurs. Ils espèrent que le mouvement d'une ville les délivrera de cette obsession. Ils se rendent à Zurich, et là, au milieu de la place publique, les corbeaux, qui n'ont cessé de les accompagner, se perchent sur le toit d'une maison en croassant et en poussant des cris lamentables. Les meurtriers croient entendre une voix suprême qui dénonce leur scélératesse à tous les passants. Ils regardent les corbeaux et pâlissent, et, dans la frayeur qui les saisit, confessent eux-mêmes leur crime. Dans la cité où ils croyaient trouver un refuge, ils furent condamnés à mort, et les corbeaux vinrent leur arracher les yeux. Les corbeaux sont très intelligents. Ils ont dans leurs diverses tribus des lois qu'ils ne changent point à tout instant, comme les peuples qui croient à la sagesse du parlementarisme et aux bienfaits des révolutions. Ils ont une organisation judiciaire. On n'en peut douter en lisant ce récit d'un sagace observateur.

« Au nord de l'Écosse et aux Féröe, dit M. le Dr Edmund, on voit parfois arriver dans un champ désert des légions de corbeaux. Ils viennent de différents côtés et se réunissent sur un même point. Par des télégraphes aériens qui nous sont inconnus, ils ont été appelés là à jour fixe. Le lendemain ils sont tous rangés en bon ordre. Quelques-uns d'entre eux apparaissent la tête baissée, silencieux et tristes; d'autres ont une grave attitude de juges; d'autres par leurs croassements discutent et pérorent. Puis l'assemblée se disperse, et sur le sol gisent deux ou trois corbeaux jugés en ces assises solennelles, et séance tenante, exécutés. » Quel crime ont-ils commis, quelle rapine monstrueuse, quelle félonie? C'est pour nous un mystère. Les corbeaux seuls pourraient nous l'expliquer dans leur idiome national, et cet idiome, nul de nos professeurs de langues vivantes, nul philologue, nul Mezzofanti ne peuvent le comprendre.

Et les cigognes?

« Tuer une cigogne, dit Pline, était chez les Thessaliens un crime capital. La peine était la même que pour l'homicide. »

Au moyen âge, pas n'était besoin de faire une telle loi. Les cigognes étaient partout respectées. La maison où elles construisaient leur nid semblait une maison privilégiée. Leur intelligence et leur mémoire étaient démontrées par des légendes authentiques.

En Hollande, dans une ferme solitaire, une cigogne s'étant, par hasard, cassé une patte, la brave fermière se hâte de la secourir, panse la plaie, relie l'os fracturé, enfin fait si bien son œuvre charitable qu'à l'approche de l'hiver l'oiseau blessé était en état de suivre ses compagnes dans leur migration. L'année suivante, il revient, tournoie autour du toit hospitalier, cherchant sa bienfaitrice.

Dès qu'il l'aperçoit, il s'approche et laisse tomber à ses pieds un rubis qu'il a rapporté des régions lointaines.

Le premier joaillier d'Amsterdam, le vieux Samuel Lévy, examina cette pierre précieuse avec un regard de convoitise et déclara qu'il n'en avait jamais vu une plus belle.

En Suisse, à chaque printemps, des cigognes revenaient nicher dans un village de l'Argovie. Les bonnes vieilles gens se plaisaient à les voir, et les enfants les contemplaient avec un sentiment d'admiration. On leur disait que la cigogne détruisait les méchantes bêtes des champs, et quand ils voyaient préparer près d'eux un nouveau berceau, on leur disait que la cigogne allait leur apporter un petit frère ou une petite sœur.

Un jour pourtant un brutal paysan, pour faire parade de sa force, lança une pierre à l'un de ces innocents oiseaux et le tua. L'année suivante, les cigognes ne revinrent pas à leur nid, ni la seconde, ni la troisième, ni la quatrième année. On les voyait, à l'époque habituelle de leur retour, passer au-dessus du village. Elles semblaient le regarder un instant tristement. Puis elles s'éloignaient. Mais dans l'hiver de la cinquième année, le paysan qui avait tué une de leurs compagnes étant mort, les cigognes reparurent quelques mois après et reprirent possession de leur ancien gîte.

Les cigognes, de même que les hommes dans leurs passions s'égarent dans leur justice. Un écrivain anglais en cite un curieux exemple. « A Berlin, dit-il, un couple de cigognes s'était installé au haut d'une cheminée. Le propriétaire de la maison, un jovial Teuton qui voulait s'amuser de ces locataires qui ne le payaient pas, monte un beau jour sur le toit, atteint le nid, y prend un œuf et le remplace par un œuf d'oie. L'innocente cigogne n'ayant nul soupçon de cette traîtrise continue son œuvre de couveuse. Mais quand l'œuf est éclos, le mâle voyant le petit bipède qui en est sorti pousse un cri féroce, puis s'élance dans les airs et disparaît.

La femelle reste au logis. Quelques jours se

passent. Un matin elle entend un grand bruit et voit sur les toits qui l'entourent s'abattre une troupe de cigognes. Une des matrones de cette assemblée se met à clapoter une harangue que ses compagnons écoutent attentivement. Une autre ensuite prend la parole, puis une autre encore. Ces discours sont évidemment autant de plaidoyers qui pour, qui contre l'accusée. La pauvrette écoute, regarde et devient inquiète. Soudain son implacable époux se précipite vers elle avec la bande qu'il a été chercher. En un instant elle est tuée, son fatal nourrisson déchiqueté, et son habitation entièrement détruite.

Le coucou est aussi, dans l'ornithologie populaire, un personnage important. Ceux qui entendent au renouveau son premier chant peuvent avoir par ce savant oracle une réponse immédiate à une grave question. « Coucou, dit le vieillard d'une voix inquiète, combien ai-je encore d'années à vivre? » « Coucou, s'écrie la jeune fille, dans combien d'années serai-je mariée?[1] »

1. En Suède, elle adresse cette demande en chantant un quatrain.

« Gœk, Gœk, sitt po quist
« Sag mig vist

Et tout de suite, autant de cris de coucou, autant d'années. C'est sans doute l'obligation de prononcer tant d'oracles qui empêche le coucou de remplir ses devoirs paternels. Au Canada où il est moins occupé, les questionneurs étant moins nombreux, il n'a point les habitudes perverses du coucou d'Europe. Il ne va point déposer ses œufs dans le nid d'un autre oiseau; il garde ses petits et les élève soigneusement[1].

Le retour de l'hirondelle nous annonce le printemps.

L'alouette chante joyeusement au premier rayon de l'aurore.

« Hur monga or
« Jag ogift gor. »

« Coucou, sur ton rameau, dis-moi positivement combien d'années je dois passer sans être mariée. »

1. Le fait est attesté par un des hommes les plus distingués du Canada, M. J. M. Le Moine, qui joint au talent de l'écrivain de vastes connaissances historiques et littéraires, et un rare savoir d'ornithologiste. Il occupe près de Québec la propriété où vécut Audubon le grand naturaliste, et il a fait de ce domaine une douce retraite pour les oiseaux. Là, pendant tout le temps de la nidification, pas un miaulement de chat, pas un aboiement de chien, pas un coup de fusil, rien qui puisse effrayer les bons petits hôtes de *Spencer grange*. Ils connaissent les délicates attentions de leur ami, et de tout côté, ils viennent nicher dans son parc et son jardin, jusque sous ses fenêtres.

Le cygne chante à sa dernière heure.

Cantator cygnus funeris ipse sui.

« Le cygne, dit Platon, chante plus gaiement à ce moment suprême, comme s'il songeait qu'il s'en va dans une vie meilleure, près des dieux[1]. »

« On a consacré, dit Cicéron, les cygnes à Apollon parce qu'ils semblent tenir de lui l'art de connaître l'avenir, et c'est par un effet de cet art que, prévoyant de quels avantages la mort est suivie, ils meurent en chantant[2].

La poétique tradition des anciens n'est point une fiction, comme nous pourrions le croire quand nous entendons les cris rauques des cygnes de nos jardins. Il y a dans les régions du Nord des cygnes sauvages qui ont les mêmes formes que les nôtres, le même plumage, la même grâce dans les mouvements, la même majesté, et qui sont doués d'une voix harmonieuse.

Leur chant est comparé aux vibrations d'un violon et aux sons d'une cloche d'argent par trois illustres explorateurs des parages septen-

1. *Brehm Leben der Vœgel*, page 674.
2. *Les Tusculanes*, Livre Ier.

trionaux : Eggert Olafsen[1], Pallas[2], Erman[3].

Plus récemment, un autre savant naturaliste, M. Schilling, a parlé de ce chant dans des termes qui méritent d'être cités.

« Dans les contrées septentrionales, quand les lacs, dit-il, sont couverts de glace, les cygnes se réunissent près des eaux courantes qui résistent encore à la gelée. Ils arrivent là par centaines, gémissant des rigueurs de l'hiver qui les chassent de leurs stations favorites et les privent de leur nourriture.

« Pendant les nuits d'hiver, à une longue distance, j'ai entendu, comme le son d'une cloche ou d'un instrument à vent, leur voix plaintive, et on ne peut l'entendre sans en être ému. Les pauvres cygnes ! Un grand nombre d'entre eux, après avoir cherché en vain quelque aliment, n'ont plus la force d'entreprendre un voyage vers des régions meilleures. La faim, le froid, les tuent, et, jusqu'à ce qu'ils expirent, ils chantent leur chant mélancolique[4]. »

1. *Reise igiennem Island*, Sorœ, 1772.
2. *Voyage à travers plusieurs provinces de l'empire russe*, Pétersbourg, 1771, 1776.
3. *Reise durch nord Asien und die beiden Oceane*, Berlin, 1833.
4. *Handbuch für Naturforscher*, page 189.

Ce charmant oiseau, si bien poétisé par l'antiquité, reparaît dans les légendes du moyen âge : légendes des jeunes fées d'Allemagne et de Scandinavie, qui ont des vêtements de cygnes; légende du jeune prince de Flandres transformé en cygne et conduisant la barque de son frère Hélias. Le vaillant Hélias épouse une belle duchesse dont il a défendu l'honneur. De cette union est née une fille, et du mariage de cette fille avec un noble seigneur est né le roi de Jérusalem, l'héroïque Godefroy de Bouillon[1].

Il faut citer aussi la légende à laquelle Th. Moore a consacré deux de ses musicales strophes[2], la légende irlandaise de Fioniucala transformée en cygne par un pouvoir surnaturel, et condamnée à errer sur les lacs et les rivières jusqu'à ce que le christianisme pénètre en Irlande. Au premier coup de cloche de la première messe, la pauvre âme sera délivrée.

Mais, de tous les oiseaux, l'aigle est le plus honoré.

1. Grimm. *Deutsche Sagen.* — Pigeonneau. *Le cycle de la croisade et de la famille de Bouillon.*

2. *Silent oh Moyle, be the roar of thy water. Irisch melodies.*

« Le Seigneur, dit le Psalmiste, renouvellera ta jeunesse comme celle de l'aigle[1]. »

Brunetto Latini nous explique le renouvellement de cette jeunesse. Lorsque l'aigle se sent vieillir il emploie ses forces à monter dans les airs très haut. Il s'en va exposer aux rayons incandescents du soleil ses plumes détérioriées par l'âge. Quand elles sont brûlées, il redescend en toute hâte sur la terre et se plonge trois fois dans une fontaine dont il connaît l'efficacité. Puis il sort de là alerte et vigoureux[2].

L'aigle est le symbole de saint Jean l'évangéliste.

L'aigle a décoré les étendards des légions de Rome et des légions napoléoniennes.

L'aigle à deux têtes représente dans les armes d'Autriche l'empire d'Orient et l'empire d'Occident.

Un jour, sur ses longs pieds, allait je ne sais où
Le héron au long bec, emmanché d'un long cou.

Sur ce craintif oiseau, dont parle La Fontaine

1. Psaume 102, v. 5.

2. « Et sachiez que li aigles vit longuement, porce qu'il renouvele et despoille sa vieillesse. Et dient li plusor qu'il vole en si haut leu vers la chalor dou soleil que ses pennes ardent. Lors

d'un ton si peu révérencieux, des princes et des chevaliers ont prononcé des serments terribles. C'était au commencement du règne de Philippe de Valois. Après plusieurs tentatives pour recouvrer son héritage, Robert d'Artois, humilié, condamné, proscrit[1], s'était retiré en Angleterre, jurant de se venger, cherchant par tous les moyens possibles à susciter contre la France l'orgueil et l'ambition d'Édouard III.

Un jour, avec des chanteuses et des joueurs de vielle, il s'achemine vers la résidence royale, portant en grande pompe deux plats d'argent, dans lesquels est enfermé un héron rôti. Je veux, dit-il, offrir le plus lâche des oiseaux au prince qui est le légitime héritier de la couronne de France et qui en sera par sa lâcheté à jamais dépossédé[2].

Édouard frémit en entendant ce reproche et jure qu'il sera avant un an sur le sol de la France les armes à la main.

se laisse cheoir en aucune fontaine où il se baigne III fois et maintenant rajoienit auiressi comme à son commencement. (*Li livres dou trésor*, page 196.)

1. « Banni estoit de Franche, le nobile pays, escachiés de la terre roi Philippe o cler vis. » (*Le Vœu du héron.*)

2. « Drois hoirs, mes cuers li est falis, et por sa larqueté en morra dessaisi. » (*Le Vœu du héron.*)

Robert s'en va, avec son même cortège, invoquer le courage des principaux chevaliers de la cour d'Édouard. Tous jurent de combattre résolument avec leur roi.

Par ces serments a commencé l'effroyable guerre de Cent Ans.

Cette aventure du comte d'Artois est racontée dans un poème historique qui date du quatorzième siècle et qui est intitulé : *Le Vœu du héron*[1].

Chacun sait quelle était, au temps poétique de la chevalerie, l'importance des cérémonies qu'on appelait le vœu du paon ou du faisan. Ces oiseaux représentaient, par l'éclat et la variété de leurs couleurs, la majesté des rois et les superbes habillements dont ces monarques étaient parés pour tenir ce qu'on nommait *Tinel* ou cour plénière. La chair du paon ou du faisan était, si l'on en croit un vieux romancier, la nourriture particulière des preux et des amoureux. Leur plumage avait été regardé par les dames des cercles de Provence comme le plus riche ornement dont elles pouvaient décorer les troubadours[2].

1. Publié en 1781 par La Curne de Sainte-Palaye.

2. La Curne de Sainte-Palaye, *Mémoires sur l'ancienne chevalerie*, tome I, IIIe partie.

Le faucon a aussi une belle place dans les romans de chevalerie. Les châtelaines et les seigneurs allaient à la chasse, un faucon sur la main, et il fallait savoir lâcher au moment opportun l'impétueux oiseau, l'animer de la voix, le faire revenir au leurre et l'enchaperonner.

La fauconnerie était un des services importants des maisons souveraines. Le grand fauconnier de France prêtait serment entre les mains du roi[1].

Ainsi ont été glorifiés les grands oiseaux. Il y en a des petits qui méritent aussi une belle mention. Dans le monde des oiseaux, comme dans le monde des hommes, les petits qui font peu de bruit et tiennent peu de place ne sont souvent pas les moins intelligents. » Le cerveau des fringilles, que nous appelons têtes de linottes, est plus considérable, toute proportion gardée, que celui de l'homme[2].

« Les roitelets, dit Belon, le vénérable orni-

1. H. de la Blanchère. *Les Oiseaux utiles et nuisibles*, page 12, Paris, Rothschild, 1872.

2. Dans son curieux livre sur la fauconnerie au moyen âge, un jeune érudit, M. L. d'Aubusson, a publié une liste chronologique des grands fauconniers de France, depuis Jean de Beaune, en 1250, jusqu'au comte de Vaudreuil, 1780.

thologiste, les roitelets de si petite stature font nuisance à l'aigle qui maîtrise tout aultres oiseaux[1].

Les moineaux de la vallée de Spolete battent des ailes à l'aspect de saint François d'Assise et reçoivent pieusement sa bénédiction[2].

Il y a un autre oiseau qui ne renaît point de ses cendres comme le phénix, qui ne repose point sur l'épaule d'Odin, le dieu scandinave, comme le corbeau, qui ne conduit pas, comme le cygne, la barque des jeunes princes à des aventures héroïques, mais qui me semble avoir un meilleur sort et un meilleur renom. Il est petit, mais très joli et très gracieux. Il est faible, mais plein de courage, et, à cet ardent courage il joint les doux et affectueux penchants.

C'est le rouge-gorge.

L'été, il habite nos bois et nos montagnes. Nul autre oiseau ne s'éveille si tôt que lui et ne s'endort si tard. Il chante dès le premier point du jour, se tait vers midi et recommence le soir. L'alouette, le matin, lui succède, et le soir, le

1. *De la nature des Oyzeaux*, page 242.
2. F. Ozanam, *Les Poètes franciscains*, Paris, Lecoffre, 1852.

hibou. L'hiver, il n'émigre pas; il s'approche avec confiance de la hutte du bûcheron ou du foyer du paysan. Il regarde avec ses bons yeux limpides les gens de la maison et les salue en son mélodieux langage : « Bonjour, dit-il, que la bénédiction de Dieu soit avec vous ! L'air est bien froid dehors et je ne trouve plus rien à picoter dans les champs couverts de neige, plus rien sur les ceps de vignes, plus rien sur les branches d'olivier. Voulez-vous m'accorder une place au coin de votre feu et quelques miettes de votre pain? »

Il s'en va ainsi demandant un paisible asile. Mais il ne le demande pas gratuitement. A ceux qui lui font bon accueil, il donne ses harmonieuses chansons.

Ainsi s'en allaient autrefois les scaldes et les trouvères, avec leurs *sagas* et leurs *lais*. Ainsi au siècle dernier Goldsmith, le poète anglais, s'en allait avec sa flûte dans nos villages de France.

Les enfants de mon cher pays de Franche-Comté se réjouissent de voir le gentil rouge-gorge, et nul homme n'aurait le cœur assez dur pour lui refuser l'hospitalité.

On dit en Angleterre :

« He that hurts a robin, or a wren
« Will never prosper sea nor land. »

A qui maltraitera roitelet, rouge-gorge,
Rien ne réussira, par terre, ni par mer.

On l'aime, le doux oiseau, quand on le voit, et on le respecte quand on connaît ses légendes.

Bien loin, bien loin, dit une de ces légendes, est le lieu maudit, l'abîme effroyable où gémissent les damnés. Avec une tendre commisération, le rouge-gorge est allé chaque jour leur porter quelques gouttes d'eau, et il a été atteint par le feu infernal. De là le rouge de sa poitrine.

Une autre légende raconte que, le jour de la Passion, le rouge-gorge voyant Notre-Seigneur cloué à la croix, avec sa couronne sanglante, se sentit profondément ému. Ne pouvant, pauvre oiselet si petit, songer à le délivrer, il voulait au moins arracher ses cruelles épines. Mais comme il faisait tous ses efforts pour accomplir son œuvre pieuse, un des dards aigus lui entra dans la poitrine, et le sang coula. Alors, la voix d'un ange lui dit : « Tu as fait une bonne action, tu en seras récompensé; tu porteras sur ton sein la couronne de ton sang, et dans chaque maison les enfants t'aimeront. »

On raconte encore que si le rouge-gorge rencontre un corps humain sans sépulture, il l'ensevelit dans une couche d'herbe et de mousse.

Un de ces actes de charité du rouge-gorge est inscrit dans une des ballades les plus populaires de l'Angleterre : *The children in the wood.*

Je la traduis avec le regret de ne pouvoir en reproduire la rare simplicité :

« Faites attention, bons parents, aux mots que je vais écrire. Vous apprendrez par là une douloureuse histoire justement révélée. Naguère, dans le Norfolk, vivait un gentilhomme de bon renom, plus riche que beaucoup d'autres.

Il tombe malade, mortellement malade. Rien ne peut le sauver. Sa femme est à côté de lui, malade aussi. Tous deux reposeront dans le même tombeau. Toujours tendrement occupés l'un de l'autre, ils ont vécu dans leur amour, ils mourront dans leur amour, et ils laissent deux enfants.

Un gentil garçon de trois ans, une fille plus jeune et très jolie. Le père a fait son testament. Le garçon aura trois cent livres sterlings par an quand il atteindra sa majorité. La petite recevra intégralement deux cent livres en or le jour de son mariage. Si l'un et l'autre venaient à mourir avant qu'ils fussent en droit de tester, leur fortune appartiendrait à leur oncle.

Telle est la déclaration paternelle.

« Ah ! mon frère, s'écrie le mourant, regarde mes deux chers enfants. Sois bon pour le petit garçon et pour la petite fille. Ils n'auront bientôt plus ici d'autre ami que toi, car nous allons bientôt quitter ce monde. Je les recommande à Dieu et à toi, ces chers petits. Protège-les dans le jour, protège-les dans la nuit.

« Tu es leur oncle, sois encore leur père et leur mère. Dieu sait ce qui leur arrivera quand j'aurai cessé de vivre. »

Alors, la mère prit la parole et dit :

« Mon bon frère, de vous dépend le malheur ou la prospérité de mes enfants.

« Mais pensez que si vous prenez soin d'eux, le ciel vous récompensera, sinon vous serez puni. »

Les deux pauvres malades baisent de leurs lèvres froides les innocents petits, les bénissent en pleurant.

« Ne craignez rien, ma douce sœur, répond l'oncle, j'aurai bien soin de ces enfants. Si je leur fais le moindre tort quand vous ne serez plus, que Dieu éloigne toute prospérité de moi, des miens, de tout ce qui m'appartient. »

Les bons parents étant morts, l'oncle emmena les enfants dans sa maison, et d'abord s'occupa beaucoup d'eux. Mais avant que douze mois et un jour fussent écoulés, il voulait s'emparer de leur fortune.

Il soudoie deux affreux brigands pour qu'ils aillent tuer les deux petits dans la forêt, et dit à sa femme qu'il les envoyait à Londres chez un de ses amis.

Et les voilà partis, très contents de voyager à cheval, et tout le long du chemin causant et riant avec ceux qui doivent être leurs bourreaux.

Ces hommes pourtant se sentaient émus par cette gentille gaieté et s'affligeaient de la tâche qu'ils avaient acceptée. Mais l'un d'eux, plus dur que son compagnon, dit qu'il commettrait le meurtre pour lequel il avait été largement payé.

L'autre s'opposait à ce crime.

Tous deux en vinrent à se battre, au milieu de la forêt déserte, devant les petits épouvantés, et le brigand le moins féroce tua son camarade.

Il prit par la main les enfants qui avaient les yeux pleins de larmes, et, en les engageant à ne plus pleurer, il les emmena bien loin dans la forêt. Puis il leur dit :

« Attendez-moi là. Je vais revenir et vous apporterai à manger. »

Le frère et la sœur, la main dans la main, errèrent de côté et d'autre. Mais ils ne virent point revenir l'homme qu'ils attendaient. Leurs petites lèvres étaient noircies par le jus des mûres. Quand vint la nuit, ils s'assirent par terre en pleurant.

Et ils errèrent encore, les pauvres petits, jusqu'à ce que la mort mît fin à leur souffrance. Privés de tout secours, ils moururent dans les bras l'un de l'autre. Nulle main humaine ne leur donna la sépulture. Le rouge-gorge tristement les couvrit de feuilles.

Et la colère de Dieu tomba sur leur oncle. D'affreux démons hantèrent son foyer. Sa conscience devint un enfer. Ses granges furent brûlées, ses biens saccagés, ses terres desséchées, ses troupeaux frappés par une mortelle épidémie. Plus rien ne lui réussissait.

Deux de ses fils périrent dans un voyage en Portugal. Pour vivre dans sa misère, il mit en gage tout son patrimoine. Puis son crime fut révélé.

Le brigand qui avait emmené les enfants dans la forêt fut arrêté pour une autre scélératesse et condamné à mort selon la volonté de Dieu. Il dit la vérité comme nous venons de la dire. L'horrible oncle, enfermé pour dettes, mourut en prison.

Si pieux et si modeste le rouge-gorge de nos contrées! Si magnifique le paradisier de l'archipel australien! Pour expliquer sa magnificence, on a fait plusieurs légendes. Il vient, dit-on, du paradis terrestre et il y retourne après une courte migration. Il ne vit que dans l'espace éthéré et ne se nourrit que de rosée.

Sans respect cependant pour sa glorieuse origine, les papouas le tuent en lui enfonçant un fer rouge dans le corps, détachent avec un roseau aigu sa peau entière sans la morceler ni la froisser, et l'enferment dans un étui en bambou. C'est ainsi que sont conservées ces plumes superbes dont nos belles dames se parent dans les salons.

Ai-je dit toutes les légendes des oiseaux? A Dieu ne plaise que je sois affligé d'une telle présomption. Je n'ai fait qu'effleurer un sujet immense. Combien il y en a de ces naïves, poétiques légendes, que je ne connais pas, légendes des temps modernes et des temps anciens!

L'existence des oiseaux remonte jusqu'au quatrième jour de la création, Adam fut appelé à leur donner leur nom. La Bible est la première histoire de notre monde. Adam notre premier ornithologiste.

L'OCÉAN

LES BIENFAITS DE L'OCÉAN

Mers et golfes, Océan, monde aquatique! que notre sol est petit dans cette immensité! L'océan Atlantique se déroule d'un pôle à l'autre; l'océan Pacifique est à lui seul plus vaste que notre terre entière; l'Océan dans son ensemble occupe près des trois quarts de la surface du globe. Il enlace dans ses franges d'écume les archipels et les continents. Il a brisé des continents et il en a fait des îles. Parfois, comme un capricieux souverain, il reprend dans ses flots quelques-unes de ces anciennes îles, et du fond de son écrin d'or et d'émeraudes en fait jaillir de nouvelles.

En certaines régions, il se retire d'un rivage comme s'il était fatigué de l'arroser. Ailleurs, il pénètre à travers les vallées, les forêts, ouvre comme un ingénieur, de larges canaux, étend au loin ses bras de géant, et s'épanche dans des baies, dans des fiords, les charmants fiords de Norvège.

Toujours en mouvement, il transperce par le jet continu de ses lames les rocs les plus durs, y arrondit des voûtes comme un architecte, y cisèle des colonnes comme un sculpteur.

J'ai vu aux Féroé des ponts de rocs aériens, comme des ponts en fil de fer, des arceaux de rocs pareils à ceux des cathédrales, des grottes où le pêcheur circule avec sa barque comme sur des lacs.

C'est ce qui a été fait par l'action lente et continue de la mer.

Quelquefois l'Océan s'amuse à émietter un carré de terre ou à le découper comme un enfant découpe dans ses jeux une feuille de papier. On en peut voir un curieux exemple à Rügen, qui jadis tenait d'un côté à la Poméranie et de l'autre probablement à l'une des pointes de l'archipel danois. La mer l'a violemment détaché de ses liens primitifs; elle en a fait une île, puis elle en a découpé des losanges, des triangles qui forment d'autres îles, ou des bandes de terrains qui ne tiennent plus à la principale que par un étroit cordon. Elle en a dentelé et tailladé les bords. Ici, dans un de ses mouvements capricieux, elle a entr'ouvert de petites anses voilées, mystérieuses, comme des sources égyptiennes: là, elle a creusé de larges baies de la forme la plus bizarre. Le tout ressemble à un dessin fantastique, à une broderie festonnée par une main fiévreuse.

L'Océan, fils d'Uranus et de la Terre, dit Hésiode. Il reflète dans le miroir de ses flots les astres d'Uranus, de là, une de ses splendeurs; il engloutit dans ses abîmes les impuretés de la terre, de là, son amertume; il assiste aux passions, aux douleurs des habitants de la terre, de là, ses soupirs et ses gémissements.

Toute notre histoire ancienne s'est accomplie autour d'un des fragments de l'Océan, sur les rives de la Méditerranée, et une éclatante partie de notre histoire moderne, dans les zones océaniques découvertes par Christophe Colomb et ses successeurs.

L'Océan si beau et si attrayant dans ses heures de calme, si formidable dans ses colères! « Un triple chêne, dit Horace, un triple airain armait la poitrine de celui qui le premier confia une barque fragile aux vagues furieuses. »

Le triple chêne, le triple airain, c'est le courage de l'homme, le courage du pêcheur qui, sur un frêle canot façonné avec des roseaux, ou creusé dans un tronc d'arbre osa quitter la terre ferme et s'aventurer sur les flots, le courage des Phéniciens qui par l'ordre de Nécos firent le tour de l'Afrique, le courage de Pythéas qui franchit les colonnes d'Hercule, navigua dans l'Atlantique, puis dans les mers du Nord, jusqu'à l'*Ultima thule*, le courage des Vikings qui, de leurs golfes septentrionaux, s'avançaient intrépidement sur les côtes d'Angleterre et de France.

Grâce à la découverte de la boussole et au développement des sciences, ces traversées jadis si longues et si périlleuses sont à présent courtes et faciles.

La nature de l'Océan n'est pourtant pas changée. Sous l'équateur, les bâtiments à voiles peuvent être encore arrêtés et affamés par ces calmes mortels, où rien ne se meut, où selon l'expression de Coleridge, le navire immobile est comme un navire peint sur une mer peinte; d'autres sont écrasés par les glaces flottantes; d'autres périssent dans les cyclones de l'Inde, dans les brumes du Nord, dans les tempêtes équinoxiales.

Hélas! on ne peut sans une douloureuse émotion songer aux naufrages, aux deuils de chaque année.

Mais toutes les mers ont été explorées dans toute leur étendue; on connaît leurs embranchements, leurs rades, leurs récifs, et des cartes correctes indiquent aux marins les meilleures lignes de navigation selon les vents et les courants.

Si désastreux que soit encore l'Océan, l'homme ne veut plus en avoir peur. Il en a pris possession par son audace; il veut le subjuguer par son intelligence. Avec la quille de son navire, il le sillonne comme le laboureur sillonne son champ avec le soc de sa charrue. Il veut en tirer d'ici, de là, sa récolte. Il a fait des flots de la mer les auxiliaires de ses rêves d'ambition. Il en a fait ses messagers. Par le câble électrique il leur confie ses missives, et quelques miuntes après il attend avec impatience la réponse.

Si désastreux que soit l'Océan, dans ses révoltes et ses fureurs contre son orgueilleux maître, il a une indicible fascination. Dans la variété de ses couleurs est la lumière, l'éclat des trésors de la terre, du saphir et de l'émeraude. Dans le clapotement de ses vagues, le chant de la sirène, l'amoureux soupir de la Loreley. Sur ses plages est l'indolente rêverie. Dans son immense espace, l'âme est entraînée par le sentiment de l'infini.

Oh! poésie de la mer! Quiconque a mis ses lèvres à cette coupe enchantée ne peut en perdre le souvenir.

Par une grâce de Dieu, j'ai eu le bonheur de voir l'Océan dans sa plus terrible et sa plus ravissante beauté, dans les deux hémisphères, au delà du cercle polaire, et au delà des tropiques.

Au Spitzberg, dans la baie Magdeleine, en plein été, le ciel terne ou sombre, éclairé de temps à autre par un disque jaune, soleil sans rayon, foyer sans chaleur; sur la plage et sur les montagnes qui la dominent, des amas de neige d'où surgissent des pointes de rocs aiguës et noires; sur les eaux des golfes, les colonnes, les pyramides, les murailles de glaces flottantes et les bancs de glace où s'amoncellent les phoques aux grands yeux étonnés, les morses avec leurs longs crocs d'ivoire; à l'horizon, la ceinture de glace, l'infranchissable banquise, le rempart des pôles; de quelque côté qu'on regarde, nulle douce verdure, nulle apparence de vie humaine, mais les cris rauques des oiseaux de mer, les mugissements de l'ours blanc affamé, et le retentissement des montagnes de glace se heurtant, se brisant l'une contre l'autre avec les fracas du tonnerre.

Qui pourrait dire le saisissement de cœur qu'on éprouve en un tel désert, à l'aspect d'un tel spectacle? N'est-ce pas une image du monde aux premiers jours de la Genèse, avant la création de l'homme, du monde inachevé, inhabité, sortant du chaos?

Sous les tropiques, dans le courant des vents alisés, c'est un charme inexprimable de glisser en droite ligne sur les lames assouplies, à l'aide d'un souffle régulier qui n'imprime au navire qu'un doux balancement; qui semble prendre à tâche de lui éviter toute secousse, et le caresse comme un navire aimé de Dieu.

Là, dans la saison d'hiver, à la douceur d'un climat tempéré se joignent les prismes d'une lumière éclatante. La mer a le rayonnement d'un saphir sans tache. Sur son bassin d'azur s'élève une ligne blanche qui fait le tour de l'horizon, plus haut un ciel limpide, parsemé de légers nuages. On dirait que le ciel se marie avec l'onde par un anneau d'argent et qu'il a pour cette solennité, paré son manteau bleu de flocons de roses et de jonquilles. Et tout est si riant et si animé! Des légions de poissons volants fendent l'air comme des oiseaux; des dauphins cabriolent sous des nappes d'écume, comme des coursiers sous leurs carapaces d'argent, des marsouins bondissent quatre à quatre, et çà et là apparaissent les bonites aux écailles cendrées, les dorades à la robe étincelante.

Le soir, quand d'un côté le soleil disparaît dans des flots d'or à l'horizon; quand de l'autre étincellent les rayons de la lune qui dans le mouvement des vagues se croisent, s'entrelacent comme ceux de l'aurore boréale, et sautent comme des feux-follets; quand le long du navire les flots phosphorescents jaillissent comme une pluie d'étoiles, et que derrière lui son sillage ruisselle comme un torrent de flammes ; quand sous les astres de la voûte céleste, la mer brille comme un autre ciel avec sa couronne de perles et ses gerbes de diamants, c'est un tableau qu'on ne peut pas aspirer à décrire, et qu'on ne se lasse pas de contempler dans une muette admiration.

Il y a des Parisiens qui, pour voir la mer, s'en vont l'été à Dieppe ou à Trouville, font une galante promenade sur le sable de la plage, visitent les magasins d'exotiques bibelots, regardent avec une lorgnette les navires qui reviennent des lointains pays, dansent le soir au Casino, et déclarent gaillardement que la nappe d'eau saumâtre près de laquelle ils trouvent ces aimables distractions n'est pas à dédaigner.

Cette nappe d'eau est pour les vaisseaux de guerre, l'arène de vaillants combats, pour le physicien et le naturaliste un champ immense d'observations, pour le sagace armateur le chemin de la fortune.

Cette nappe d'eau saumâtre est bénie par des milliers de braves gens : pêcheurs, caboteurs, artisans et manœuvres dont elle occupe les bras et l'intelligence, à qui elle donne l'aliment quotidien.

L'Océan, a dit un voyageur anglais, est le réservoir des pauvres[1].

Dans le Finistère, quand vient le temps de la récolte du goëmon, le premier jour de la coupe est entièrement abandonné aux pauvres. Dans certaines paroisses, les pauvres, après avoir usé de ce privilège exclusif du premier jour, reçoivent encore leur part de la moisson faite en commun par les habitants du village[2].

Le hareng est une des ressources notables des petits ménages. Les Hollandais ont élevé un monument à la mémoire de Guillaume Beukels qui en 1413 trouva le moyen d'encaquer le poisson nomade.

Dans la catholique Bretagne la pêche du hareng a été, par un décret pontifical, permise les dimanches et jours de fête, par la raison, disait la charitable bulle, que cette pêche alimente le pauvre.

Le poisson, a dit M. de la Landelle, est la manne des peuples marins.

Il y a des pays où sans cette manne l'homme ne pourrait subsister.

1. R. Hurton, *Ultima Thule*, tome 1, page 190.
2. G. de la Landelle, *Tableau de la mer*, 3e série, page 4.

J'en citerai quelques-uns : en premier lieu l'Islande.

Ma vieille et noble Islande, ô ma douce patrie,
Reine des monts glacés, tes fils te chériront,
Tant que l'amour vivra dans une âme attendrie,
Tant qu'au soleil de mai nos champs reverdiront.

Ainsi dit le poète Thorarensen, et il exprime le sentiment réel de ses compatriotes.

Elle est aimée de ceux qui y sont nés, et elle émeut profondément les étrangers qui vont la voir, cette île d'Islande avec ses éternels glaciers, ses Jokull étincelants, ses jets d'eau bouillonnants sur un sol gelé, ses volcans assoupis sous un manteau de neige, ses rivières impétueuses et ses défilés sauvages à travers des roches noires.

Étrange terre, si grandiose et si triste, réchauffée au cercle polaire par le Gulfstream du Mexique, et si aride !

Pas d'arbres et pas la moindre céréale ; de tout côté, le sol dévasté par la lave, ou noyé dans une eau marécageuse, çà et là seulement quelques frêles arbustes ; çà et là des herbages, non pas de riches herbages comme ceux de Normandie, ni des prairies comme celles où nos paysans font plusieurs récoltes dans l'année, ni des pâturages vivifiants comme ceux des montagnes de la Franche-Comté, mais une herbe menue qui surgit au mois de mai et que l'on fauche au mois d'août. C'est la vendange et la moisson du pays, c'est la richesse des Islandais dispersés dans l'intérieur de l'île. Avec cette herbe soigneusement ménagée, ils peuvent nourrir tant bien que mal quelques bestiaux.

Du produit de ces bestiaux ils ne font point des festins splendides. Les rigueurs de leur climat leur enseignent la prudence. L'hiver est long et qui sait s'il y aura l'année prochaine une récolte ? Le lait et le beurre ne sont point prodigués ; la tranche de mouton n'apparaît sur la table que dans les occasions solennelles, quand on célèbre une fête, ou quand vient un étranger, car malgré l'exiguité de leurs ressources, les Islandais sont très hospitaliers. Si petit que soit leur baer, c'est-à-dire leur rustique maison, construite avec des mottes de terre et des laves, le voyageur est sûr d'y trouver un gîte.

L'été, ils ont à faire un pénible trajet sans wagon et sans charrette. Avec leurs petits chevaux ils s'en vont à travers les terrains pierreux, les marécages et les torrents, comme les chameliers à travers les sables de l'Arabie. Ils s'en vont vers la plage porter au comptoir du marchand ce qu'ils ont épargné de leurs denrées agricoles, pour acheter les choses qui leur sont nécessaires, des ustensiles de travail et de ménage; parfois quelques objets de luxe, parfois, malheureusement l'eau-de-vie, la mauvaise eau-de-vie de grain, ou de pommes de terre qui leur coûte cher et qui les enivre.

A diverses reprises on a essayé d'accroître en Islande le produit du sol. On a voulu cultiver l'orge et l'avoine, former des pépinières. Toutes ces tentatives ont complètement échoué. Je me rappelle le bon M. Krieger, le *Stiftsamtmann* de Reykiavik nous montrant un petit sorbier dans son jardin. « Voyez, nous disait-il, la jolie tige ! Elle a plus de deux pieds. Elle grandira encore. » Puis il ajoutait avec un accent mélancolique : « Quand elle sera à la hauteur du mur, elle périra. »

Mais autour du sol aride est la mer féconde, la mer généreuse. Par les courants du Nord et de l'Ouest elle lui amène des pièces de bois, que les habitants des côtes recueillent avec avidité. Ils s'en servent pour consolider leur cabane, construire leur bateau. Quelquefois même, en hiver, ils en brûlent une partie. La rareté du combustible est un des malheurs des Islandais. La plupart d'entre eux n'ont pour se chauffer qu'une tourbe infecte, des arêtes de poissons, ou des plantes maritimes desséchées, quelquefois même la fiente des animaux comme dans les steppes de la Tartarie. De temps à autre, la mer leur amène encore quelques baleines dont les fanons et l'huile leur font une fortune, dont les ossements peuvent être employés en guise de poutrelles dans la toiture de leur habitation.

Enfin, la mer leur donne l'un des poissons les plus féconds : la morue. Selon les calculs des naturalistes, elle produit de neuf à dix millions d'œufs. Dans les mers polaires, son frai se répand en telle quantité, qu'il y fait comme une voie lactée. La baleine l'avale à longues gorgées. Les Norvégiens recueillent celui qui est contenu dans le ventre des femelles et le vendent par tonne à nos pêcheurs de la Rochelle, de Nantes, du Morbihan qui s'en servent pour attirer les sardines dans leurs filets.

Chaque année des bâtiments norvégiens, danois, belges, anglais se dirigent vers le sud et l'ouest de l'Islande où s'amassent les bancs de morue. Notre marine a une place importante dans cette pêche. Elle en rapporte ordinairement une bonne cargaison, et les difficultés et les périls de la navigation dans ces rudes parages sont pour nos marins une excellente école. Ils y vont bravement et par centaines, de différents ports, surtout de Dunkerque. Si on les laissait faire, ils partiraient à l'équinoxe du printemps, la saison dangereuse.

De sages ordonnances ne leur permettent pas d'entreprendre cette expédition avant le 1er avril.

Les Islandais pourtant sont à l'œuvre dès le mois de février. Les habitants de l'intérieur de l'île sont venus se joindre à ceux de la plage. Dans un grand nombre de baers il ne reste que les femmes et les enfants. L'homme va demander à la mer le secours matériel que la terre ne peut lui donner.

La pêche se fait à la ligne sur des bateaux à rames. Elle commence dès les deux ou trois heures du matin, c'est-à-dire dans les ténèbres, et se continue tout le jour, par un froid rigoureux et souvent par de cruelles rafales.

Avant de quitter la plage, tous les habitants se découvrent la tête et font leur prière; une humble et religieuse prière comme celle des marins bretons : « A la pointe du Ras, mon Dieu, protégez-moi. Ma barque est si petite et la mer est si grande ! »

Le soir ils virent de bord, et souvent sont obligés de se jeter à l'eau jusqu'à la ceinture et de s'atteler à leur embarcation pour la traîner sur la grève. La besogne alors n'est pas encore finie. Il faut diviser le butin en plusieurs lots. Le premier revient de droit au propriétaire du bateau, un autre en certains districts à l'Église. Le reste est réparti entre ceux qui ont si bien travaillé. Les femmes accourent pour emporter les poissons et les trier.

Les plus beaux seront livrés au marchand; les autres, réservés pour l'approvisionnement du ménage, sont décapités, éventrés et suspendus à des lattes pour être séchés à l'air.

Le pêcheur rentre dans son gîte avec ses vêtements et ses chaussures, en peau de phoque, ou en peau de mouton, trempés par l'eau de mer. Il ne trouvera pas sous son toit un bon feu de cheminée, un bon verre de vin pour se réchauffer, peut-être pas même une autre tunique pour remplacer celle qui est collée comme une couche de glace à son corps, et il n'aura qu'un maigre souper, un morceau de morue trempée dans du beurre rance, ou une bouillie de farine d'orge, ou, ce qui vaut mieux, du lichen séché, pilé et cuit dans le lait[1].

Mais sa journée n'a pas trompé son espoir. D'autres seront non moins fructueuses. Il remercie la Providence qui le protège et il est attaché à cette mer où il conquiert par son honnête labeur ses moyens d'existence.

Des soixante mille habitants de l'Islande, quelques milliers pourraient peut-être à la rigueur vivre du produit des bestiaux nourris par les herbages de quelques vallons.

A quatre-vingts milles de distance, au Groënland, rien de pareil. Le Groënland (*La terre verte*) ! C'est le nom que le Viking Éric-le-Rouge donna à cette île arctique lorsqu'il la découvrit en 986, et nul doute qu'elle n'ait eu à cette époque, en cer-

1. P. A. Schleisner, *Island undersœgt*, page 133.

tains espaces, dans la belle saison, une attrayante verdure. Des Islandais et des Norvégiens y arrivent à la suite d'Éric et s'y établissent. Des fils d'Éric, audacieux comme lui, s'en vont vers l'ouest, touchent à Terre-Neuve, à la Nouvelle-Écosse, campent dans le pays qu'ils appellent le Vinland et que nous appelons aujourd'hui le Massachussetts.

Ainsi près de cinq siècles avant Christophe Colomb, le nouveau monde est découvert, puis abandonné. L'aurore de cette immense révélation disparaît. Un voile ténébreux s'étend sur la mer par laquelle on arrivait à l'Amérique.

La colonie scandinave reste au Groënland et s'y développe. Dès le douzième siècle elle formait un diocèse. On dit que sur la rive occidentale de l'île, s'élevaient quatre églises paroissiales et une centaine de villages, sur la rive orientale, cent quatre-vingt-dix villages, douze églises, deux couvents et le siège épiscopal. Les habitants de ces villages élevaient des bestiaux et, chaque été, vendaient leurs denrées à des navires étrangers.

Comment cet état prospère fut-il anéanti? Par les glaces qui toujours s'élevant et s'allongeant d'année en année s'étendirent sur les terrains fertiles du Groënland, comme les flots de lave sur les champs de l'Islande; par la peste noire qui décima toutes les familles; enfin par une invasion d'Esquimaux. La peuplade norvégienne, écrasée par ces nouveaux fléaux, disparut. Les Esquimaux la remplacèrent et nulle tentative ne fut faite pour leur reprendre leur conquête.

« Terre de désolation, » disait Davis au seizième siècle, quand il naviguait par là, cherchant le fameux passage Nord-Ouest.

Terre de désolation. C'est maintenant la vraie désignation du Groënland : un plateau de neige et de glace de quatre cents lieues de longueur qui s'élargit à mesure qu'il s'avance vers le pôle nord; sur ce plateau, des pointes de rocs noirs et des pyramides de glaces éternelles ; sur la mer qui l'entoure, des montagnes de glaces flottantes. Pas le moindre sillon agricole, pas de verts enclos, pas d'arbres, et un silence lugubre interrompu par le mugissement des flots, par le fracas des avalanches qui s'écroulent, ou des blocs de glace qui se brisent l'un contre l'autre. Seulement, dans les interstices des rochers où s'amasse un peu de terre et de sable, dans les îles où nichent les oiseaux, on peut voir diverses espèces de graminées et de saxifrages, des genévriers, des bouleaux nains et des saules rabougris qui ne cachent aucune Galatée.

La côte orientale jadis si vivante est tellement cernée par les glaces, qu'on ne peut y aborder ni par terre ni par mer.

La côte occidentale seule est habitée, et comment? Sur un espace de plus de trois cents lieues, on compte deux cents Danois, missionnaires protestants, fonctionnaires civils, négociants, artisans et dix mille Esquimaux.

Les Danois ont des maisons en bois fortement goudronnées et des poêles en fonte.

Les Esquimaux ne peuvent s'accorder un tel luxe. L'été, ils campent sous la tente comme leurs ancêtres; l'hiver, ils occupent la noire tanière bâtie comme autrefois avec des mottes de terre et des moellons, éclairée et chauffée par la lampe en pierre, où dans l'huile de poisson brûlent des mèches de mousse.

Des missionnaires, dignes successeurs du courageux Egede, les christianisent, mais sans pouvoir entièrement les délivrer de plusieurs anciennes idolâtries.

Des maîtres d'école leur enseignent à lire. Mais à quoi sert? Les pauvres Groënlandais n'ont pas les doux loisirs. Une tâche continue leur est imposée par de rigoureuses nécessités. La femme n'a nulle idée de nos beaux romans parisiens, et si par hasard l'envie lui venait de les lire, elle n'en aurait pas le temps, si impérieuse est sa besogne de chaque jour. Il faut qu'elle fasse le service du ménage, prenne soin des enfants, recueille les provisions, prépare les aliments, tanne les peaux réservées pour le commerce ou pour l'usage de la famille et couse les vêtements.

Le mari façonne lui-même ses harpons, ses lances, son kayak et va tant qu'il peut à la chasse et à la pêche.

Si heureuse que soit sa chasse, elle n'est jamais pour lui qu'une ressource insuffisante.

C'est la mer qui pourvoit à ses besoins. Sans les dons de la mer, sans le phoque, nul Esquimau ne pourrait vivre.

L'été, il poursuit le précieux amphibie avec son kayak, cette curieuse embarcation dont la légère membrure ressemble à la forme d'une navette longue d'environ quatre mètres sur un demi-mètre de largeur. Au centre de cet appareil flottant est ménagé un trou circulaire dans lequel se glisse et se boucle par la ceinture l'homme qui dès lors ne fait plus qu'un avec le canot. Un balancier à double pagaye sert à la fois de rame et de gouvernail. Le pêcheur flotte ainsi comme un poisson[1].

L'hiver, quand la mer est gelée, le phoque monte de temps à autre à la surface des eaux, cherchant dans la glace qui le recouvre une fissure pour respirer l'air. Le pêcheur est là qui l'attend, qui l'épie, et dès qu'il le voit apparaître, le harponne lestement.

Quelle bonne capture!

Le phoque fournit à la famille groënlandaise l'huile qui l'éclaire et la réchauffe, la chair qui la nourrit, les intestins dont elle forme des vitres, des sacs, des cordages, les nerfs dont elle fera un fil menu, la peau qu'elle emploiera à tapisser les murs humides de son foyer, à recouvrir la légère charpente de la nacelle, à faire des vêtements imperméables.

Dans les sombres régions où les Yankees les ont refoulés, les pauvres Peaux-Rouges de

1. De la Landelle, *Le tableau de la mer*, 3e série, page 191.

l'Amérique du nord rêvent un paradis de chasse sur un terrain fécond, à travers des forêts lumineuses. Les Groënlandais disent qu'il y a au fond de la mer pour les pêcheurs courageux et patients un éternel paradis éclairé sans cesse par un doux soleil, arrosé par des sources limpides, rempli de rennes qui se laissent prendre aisément, et de phoques superbes qui se jettent tout vivants dans des chaudières toujours bouillantes.

Les Indiens de la Colombie anglaise ne sont, comme les Groënlandais, préservés de la famine que par les richesses de l'Océan. Aride est leur sol, très long leur hiver, et souvent leur chasse très infructueuse. Mais de l'océan Pacifique, au mois de juin, arrivent des bandes de saumons qui se jettent dans les flots de la Colombie et de ses affluents. D'heure en heure, de jour en jour, ces bandes se suivent en si grand nombre, que le courant de la rivière et des ruisseaux en est rempli.

Quelle pêche! quel trésor! Sans nasses, sans filets, avec un simple crochet, les Indiens prennent ces saumons nomades. Sans un grain de sel, par un simple procédé de dessiccation, ils en feront pour l'année un large approvisionnement[1].

La mer leur donne encore un autre précieux poisson que les anglais appellent *candlefish.* Cette dénomination n'indique qu'une partie de ses qualités. Quand il est suffisamment desséché, on y introduit de la tête à la queue un jonc ou une ramille de cèdre, puis on l'allume et dans les sombres soirées, c'est la lampe, c'est le bec de gaz de la cabane solitaire[2].

Le *candlefish*, exposé pendant quelque temps à la fumée d'un feu de bois, est pour le gastronome de la peuplade indienne un mets de premier ordre. Enfin, le même poisson, desséché et soumis comme l'olive à une forte pression, produit une huile savoureuse. Pour garder cette huile, les Colombiens, qui n'ont pas les belles cruches en grès de notre Provence, tirent de leur généreux Océan ces algues dont les racines creusées et évasées forment d'excellentes calebasses.

1. John Timbs, *Excentricities of the animal kingdom*, page 282.
2. *Narrative of the United States exploration*, tome IV, page 314

Sur les côtes septentrionales de la Sibérie explorées avec tant de courage et d'intelligence par M. l'amiral Wrangel et M. Nordenskjöld, il y a des peuplades dont la vie dépend du mouvement des rivières et des dons de l'Océan. Telle est entre autres celle des Yakoutes et des Yakouguires. Elle appartient comme toutes les populations de la Sibérie à l'empire russe. Elle lui paie un impôt annuel en peaux de martre et de renard, et elle a au milieu de ses tentes éparses une capitale : Nishne Kolmysk, une glorieuse capitale, cinquante maisons en bois, une église, un poste de cosaques, plusieurs magasins russes et les habitations de plusieurs agents officiels. De là à Yakutsk, à des centaines de lieues de distance, on ne peut rien voir de si imposant, un assemblage de choses superbes, un Paris, une Cannebière!

Hélas! Les pauvres gens de cette zone sibérienne! Près d'eux est la mer glaciale, autour d'eux un marais, la Toundra [1]. Dès le mois de septembre, souvent dès le mois d'août, leurs

1. Cap. Cochrane, *Narrative of a pedestrian journey*, tome I, page 187.

rivières sont gelées. Bientôt le thermomètre descend à 30 degrés Réaumur, quelquefois à 40, et même à 45. Vers la fin d'octobre, M. Wrangel est obligé de s'arrêter dans une bourgade de Yakoutes pour y prendre des vêtements sans lesquels il ne pouvait continuer son voyage « On me mit, dit-il, par-dessus mon uniforme, une camisole à manches et un plastron doublés de peau de renard; sur mes jambes de larges guêtres en peau de lièvre; à mes pieds, deux paires de chaussons en renne souple, puis deux grandes bottes, en même peau, et des genouillères. On me couvrit ensuite d'une *Kuchlaenka*, une espèce de sac avec des manches et un capuchon en double peau de renne, le poil en dedans, le poil en dehors. Enfin, on m'appliqua des morceaux de peau sur le front, sur le nez, sur le menton, sur les oreilles. Un énorme bonnet en peau complétait cet énorme costume. Par bonheur, la peau de renne, très épaisse, très chaude, est aussi très légère[1]. »

Au mois de mai commence l'été. Il dure environ trois mois. On voit alors reverdir et refleu-

1. Ferd, *von Wrangel's Reise,* tome I, 178.

rir quelques petites plantes : la bruyère, le groseiller, l'airelle. La terre pourtant n'est dégelée qu'à sa surface. On ne peut songer à la cultiver. On ne peut en tirer ni un épi d'avoine, ni une botte de foin. La colonie de Nishne Kolmysk ne peut avoir aucun bétail. Elle a dans sa pauvreté d'autres animaux précieux. Elle a des chiens, ces amis de l'homme dans toutes les contrées et toutes les situations, des chiens vigoureux qui résistent comme les rennes à la rigueur du froid, qui traînent comme les bœufs de lourdes charges, et qu'on attelle aux *nartas*, aux traîneaux, comme des chevaux de poste à des calèches. C'est à l'aide de ces fidèles et vaillants auxiliaires que l'habitant de cette Sibérie charrie ses provisions, entreprend ses voyages et ses parties de chasse.

La chasse! C'est pour lui une occupation sérieuse, souvent une tâche nécessaire, quelquefois un mémorable événement. S'il a le bonheur de tuer un renne, un élan, un ours, il rentre en triomphe dans sa yourte : il a fait une glorieuse expédition, et il alimente sa famille. La plus belle chasse ne lui donne cependant qu'un secours éphémère.

Sa vraie ressource, sa ressource vitale, c'est la pêche. Il attend avec impatience, parfois dans sa disette avec angoisse, le jour où il pourra retourner à cette moisson providentielle. Dès que la mer et la Kolyma et les rivières qui l'avoisinent sont dégelées, tout le monde se précipite vers les eaux fécondes.

Il faut une quantité de poissons à ces milliers de gens qui n'ont ni roastbeef, ni côtelettes, ni légumes, ni fruits, pas même du pain, seulement de temps à autre quelques pièces de gibier. Il faut beaucoup de poissons pour les chiens qui n'ont pas d'autre nourriture. Dix harengs par jour à chacun de ces laborieux serviteurs. C'est la ration moyenne.

Mais après la grande pêche du mois de juin, il y en a une encore très abondante au mois de septembre. Chaque jour alors les filets s'emplissent. Sur ces rives sauvages, on savoure le frais sterlet si recherché par les gourmets de Pétersbourg et l'on se réjouit de voir tout ce qu'on peut faire sécher et mettre en réserve pour l'hiver.

Les poètes chanteront la sublime grandeur et le charme féerique de l'Océan : les marins sonderont ses profondeurs; les naturalistes décriront le monde végétal et le monde animal qu'il renferme dans ses abîmes.

Humble voyageur en quelques pays maritimes, j'ai seulement voulu dire comment, par la bonté de Dieu, la formidable puissance de l'Océan assiste d'honnêtes peuplades dans leur misère.

AU FOND DE L'OCÉAN

SCHELE DE VERE[1].

STRAY LEAVES FROM THE BOOK OF NATURE.

A la sommité du roc redoutable qui domine le Charybde des Anciens était assis le roi Frédéric Ier de Sicile avec la plus belle des filles de l'Europe. Souvent il avait fixé ses regards sur le gouffre qui mugissait à ses pieds, et vainement

1. Professeur à l'université de la Virginie. Nous devons à ce même savant américain un autre curieux ouvrage intitulé : *Outlines of comparative philology*. Esquisses de philologie comparée.

il avait offert les richesses de son trésor et les honneurs de sa cour à celui qui voudrait plonger dans l'effroyable tourbillon, et en sonder les mystères. Nul habile pêcheur, nul courageux chevalier n'osait tenter la miséricorde de Dieu, en se jetant dans le précipice pour y braver une mort certaine. Mais l'amour d'une jeune fille est plus puissant que l'appât de l'or et des honneurs. Quand la charmante enfant du roi, souriant à la foule qui l'entourait, laissa tomber de ses lèvres roses quelques paroles d'encouragement, ces paroles émurent un vaillant cœur, insensible à une récompense pécuniaire, et par malheur oublieux aussi des barrières que Dieu a mises à l'ardeur de l'homme.

C'était un audacieux pêcheur que ses compagnons avaient surnommé *il Pesce* (le Poisson), car il passait sa vie à l'eau, et nuit et jour nageait dans les tièdes vagues de la Sicile. De la pointe du roc où le prince était assis, de l'endroit où posaient les pieds de la séduisante jeune fille, le Pesce s'élança dans les flots écumants, et les flots se reployèrent sur lui, et l'abîme un instant entr'ouvert apparut plus terrible que jamais. Tous les regards étaient arrêtés sur le même point, toutes les poitrines étaient comprimées par une morne angoisse, toutes les lèvres muettes comme le tombeau. Soudain, au-dessus des vagues apparaît une forme blanche, un bras luisant se meut, et de longs cheveux noirs flottent sur un cou nerveux. Le plongeur respire encore l'air libre; ses yeux se lèvent vers la voûte céleste, sa bouche murmure une religieuse expression de reconnaissance. A son aspect, des acclamations de surprise, des cris de joie résonnent au loin. Mais lorsque de nouveau les regards se tournent vers celui qui a osé tenter ce que nul homme n'avait encore tenté, et pénétrer dans les secrets de Dieu, on ne l'aperçoit plus. Les flots furieux ont ressaisi leur proie; l'abîme s'est refermé sur sa victime, les vagues sifflent, mugissent, écument, et le téméraire plongeur, jamais on ne le revit[1].

Cette tradition du moyen âge n'est-elle pas comme une histoire des temps actuels? Nous ne connaissons pas encore les mystères de l'Océan, et sans cesse l'Océan engloutit une innombrable quantité de victimes. Car son repos apparent

1. C'est cette tradition que Schiller a reproduite dans sa poétique ballade du *Plongeur*.

n'est qu'un calme perfide. Sous son miroir trompeur, se perpétuent l'agitation et les combats. L'Océan n'est point, comme les Anciens le représentaient, ce galant époux qui enlace la Terre dans un tendre embrassement. Il lui livre au contraire de rudes assauts, il la ronge, il la mine, il est constamment en lutte avec elle. Même quand il semble sommeiller, il poursuit encore son œuvre. Écoutez, et vous entendrez le murmure des flots frappant les bords sablonneux de la baie. Regardez, et vous verrez le colosse se mouvoir et respirer comme un être vivant. Point de repos, point de sommeil à cet infatigable élément. De même que le ruisseau bondit nuit et jour de roc en roc, sans s'arrêter, de même il n'y a pour l'Océan ni trêve ni loisir.

Son agitation ne se manifeste pas encore de la façon la plus surprenante quand il est balayé par le vent, ni même quand il se soulève au souffle impétueux de la tempête. La tempête, l'ouragan, le typhon ne sont que des jeux d'enfants comparés à l'action de ce silencieux, régulier et gigantesque mouvement dans lequel l'eau de l'Océan s'élève jusqu'au ciel et retombe dans les entrailles de la terre.

Lorsque le soleil darde ses chauds rayons sur l'espace aquatique, des millions de gouttes se détachent du sein des mers, sans que l'œil humain les distingue, montent sur les ailes des vents jusqu'à la voûte azurée pour retourner bientôt à l'immense bassin des mers. Elles se rassemblent en nuages, elles courent au-dessus du globe, et tombent, tantôt en un orage impétueux qui porte dans ses flancs la destruction et la ruine, tantôt en une pluie salutaire qui rafraîchit et fertilise le sol, tantôt en perles de rosée qui brillent dans le calice des fleurs et scintillent sur les feuilles. La terre altérée aspire avidement ces ondées bienfaisantes, qui par une quantité d'artères invisibles pénètrent dans son sein et remplissent ses réservoirs inconnus. Puis un jour vient où ces mêmes eaux s'échappent d'une crevasse et bondissent dans les ravins. Le ruisseau se joint aux ruisseaux; les fleuves formés par ces affluents s'élancent du haut des rocs, franchissent les précipices, puis s'épanchent dans les vallées. Là, soumis à la loi de l'homme, ils deviennent les esclaves de son industrie, et retournent chargés de navires à l'Océan d'où ils sont sortis.

Avec quelle tranquillité et dans quel silence la nature accomplit son œuvre! Ces prodigieuses émanations des mers s'opèrent sans que l'œil les voie, sans que l'oreille les entende, et le tiers de la chaleur que le soleil donne à notre globe suffit pour les transporter de la surface de l'Océan à la région des nuages. Quand cette masse d'eau, soulevée par un invisible pouvoir, a servi aux besoins de l'homme et redescend dans son bassin primitif, l'un des phénomènes réguliers de notre globe est accompli, l'un des changements perpétuels de la terre, de l'eau et de l'atmosphère.

Mais le fier Océan est encore soumis à un autre pouvoir. La force mystérieuse qui lie la constellation à la constellation, la planète à la planète, qui rappelle à son foyer central la comète, et fait des différents mondes un grand univers, la force d'attraction exerce aussi son empire sur les eaux, et leur imprime un rapide mouvement.

Quand les compagnons de Néarque arrivèrent à l'embouchure de l'Indus, rien n'excita plus leur étonnement dans cette admirable contrée que le flux et le reflux des eaux, car ils n'avaient pu remarquer ce phénomène sur les côtes de la

Grèce et de l'Asie Mineure; et bientôt ils reconnurent la connexion de ce changement avec les phases de la lune. Plus puissante que le soleil, par la raison qu'elle est plus rapprochée de la terre, la lune soulève sur l'espace sans bornes de l'océan Pacifique une vague de quelques pieds de hauteur et l'entraîne à sa suite dans sa marche aérienne. Cette vague inoffensive roule d'abord paisiblement à la surface de l'Océan. Mais voilà qu'elle rencontre d'un côté la Nouvelle-Hollande, de l'autre le rivage de l'Asie méridionale : pressée entre ces deux terres, l'immense courant se précipite vers la côte d'Afrique. Il atteint Fez et le Maroc; il passe le détroit de Gibraltar et longe la côte de Portugal. il se jette dans le canal et parcourt la rive occidentale de l'Angleterre. Les rocs de l'Islande et les nombreuses îles du Nord retardent son arrivée en Norvège.

Une autre branche du même courant se précipite le long de la côte occidentale d'Amérique avec une vitesse de cent vingt milles à l'heure: de là, elle se jette vers le nord, où, serrées de tous côtés, les vagues s'élèvent quelquefois à une hauteur de quatre-vingts pieds. Tel est souvent le cas dans la baie de Fundy. Les plus violentes tempêtes ne peuvent produire un effet pareil : au lieu même le plus orageux de la terre, au cap Horn, les plus forts ouragans ne soulèvent pas les flots à plus de trente pieds de hauteur.

Moins bien observé et moins connu est le troisième grand mouvement qui s'opère dans le calme apparent de l'Océan. Car ici, comme partout, le mouvement c'est la vie. Ce mouvement, qui jamais ne s'arrête et jamais ne finit, est produit par la chaleur du soleil. Comme tous les corps, l'eau se contracte et devient plus lourde lorsque la température baisse, mais seulement jusqu'à un certain point, jusqu'à trois degrés Réaumur. Telle est la chaleur invariable de l'Océan à une profondeur de 3600 pieds et audessous. Si la température est plus froide, l'eau s'allège de telle sorte qu'à un point de congélation elle se dilate et pèse beaucoup moins que dans l'état liquide. De cette loi particulière résulte la curieuse motion, la motion continue de l'Océan, l'ascension et la chute de l'eau qui se dilate ou s'appesantit selon les variations de la température. De là, des courants qui font un étrange contraste avec la surface paisible qu'ils traversent. M. de Humboldt raconte dans ses récits de voyage qu'à Truxillo, les eaux calmes étaient à 21 degrés de chaleur, tandis que le courant de la côte péruvienne n'en présentait que 8. En longeant adroitement avec sa barque le bord de ce courant, le matelot pourrait tremper, en même temps, une de ses mains dans l'eau froide et l'autre dans l'eau chaude.

Combien d'autres merveilles plus étonnantes sont cachées sous le riant azur des mers ! En sillonnant avec sa frêle embarcation l'immense espace de l'Océan, l'homme ne songe point qu'il y a là, sous ses pieds, de splendides forêts, de vertes prairies, des montagnes superbes et des foyers volcaniques.

Oui, la mer a ses coteaux et ses vallons, ses plateaux et ses plaines, ici nus et arides, là revêtus d'une luxuriante végétation; la mer renferme dans ses flots des inégalités de terrain telles qu'il n'en existe point de pareilles sur nos continents. Dans l'Atlantique, au sud de Sainte-Hélène, le commandant de la frégate *la Vénus* n'a trouvé le fond de la mer qu'à la distance de 14 556 pieds, ce qui est la hauteur du mont

Blanc. Dans son expédition au pôle nord, le capitaine Ross a fait descendre sa sonde jusqu'à 27 600 pieds (ce qui représente un espace de 5 milles) sans trouver le fond de l'eau. Ainsi, le Sinaï placé là, à la pointe du Dawolaghiri, n'aurait point élevé sa cime au-dessus des flots. De ces mêmes fabuleuses profondeurs s'élèvent des montagnes, des rochers, des écueils, des îles verdoyantes.

Nous ne pouvons plus admettre l'ancienne image de la *terra firma* mise en opposition avec la mobile nature de la mer. De récentes découvertes nous démontrent que c'est la terre qui change et que l'empire des eaux est stable. L'Océan garde toujours un même niveau, mais comme il s'opère sur les continents des élévations et des affaissements de terrain, on pourrait constater un fait semblable au fond des mers. Dans la mer du Sud, ce double phénomène s'accomplit alternativement à des époques déterminées. Parmi les contrées en décadence de notre globe, il faut citer en première ligne la Nouvelle-Hollande. Loin d'être une contrée jeune et nouvelle, ce pays, avec son étrange flore si différente de celle du reste du monde, et avec ses curieux animaux, est une vieille île décrépite que l'Océan dévore et ensevelit peu à peu.

Quel merveilleux arcanum que les régions intérieures de l'Océan! Là sont les abîmes parsemés de rocs, de débris de navires, de cadavres humains : là est enseveli dans la vase le bronze des batailles, la cassette remplie de l'or du Pérou, près d'un amas de squelettes de chaque rivage, de chaque climat. Là se morcèle le crâne du brave navigateur à côté de la colossale cuirasse de la tortue; là repose le harpon du pêcheur près des barbes de la baleine. Des milliers de poissons s'amassent dans des balles de soie, et sur leur tête passent en silence des myriades d'infusoires microscopiques, tandis que les énormes cétacés et le requin vorace chassent devant eux des légions de harengs effrayés.

Ici, la mer écume et s'agite autour des récifs de forme bizarre et des monstrueux rochers; là, elle se déroule et s'aplanit sur une couche de sable blanc. Le matin, les flots de la marée se précipitent violemment contre les pics des Alpes sous-marines, ou passent en gémissant à travers d'anciennes forêts. Le soir, ils s'assoupissent dans des rayons de lumière à la surface de l'effroyable abîme.

L'Océan est un vaste charnier. Là gisent des millions et des millions de cadavres entassés par couches épaisses, car sous le voile transparent des flots, il n'y a qu'une guerre incessante, des chasses sauvages, des combats sanguinaires, des haines implacables. Les habitants de l'Océan ne peuvent vivre que par la destruction. Il y a là d'autres races de loups, de tigres et de lions qui arrivent à des proportions colossales et dévorent des générations entières de petits animaux. Des polypes et des méduses en quantité innombrable déploient leurs filets, surprennent par milliers les stupides radiaires, tandis que la baleine engloutit d'un coup toute une nuée d'animalcules. Le poisson à épée et le lion de mer poursuivent le rhinocéros et l'éléphant de l'océan Pacifique, tandis que le parasite s'attache à la graisse du thon. Dans ces profondeurs aquatiques, tous les êtres chassent perpétuellement, tuent ou sont tués. Mais la lutte s'achève en silence, nul cri de guerre ne se fait entendre, nulle exclamation d'angoisse ne trouble l'éternel silence, nul accent de triomphe ne s'élève au-dessus des vagues.

Les combats s'engagent et se terminent dans un profond mystère. Parfois on devinera une de ces mortelles batailles au sang dont se teindront un instant les eaux; parfois un cétacé mourant apparaîtra à la surface de l'onde, se débattant dans une dernière convulsion.

Qu'on ne s'imagine pas pourtant que dans ces conflits perpétuels, les profondeurs maritimes ne soient qu'une scène de désolation. Au contraire, la vie abonde dans l'Océan, l'élément le plus varié et le plus admirable de la création. L'Océan renferme une multitude d'animaux, depuis les infusoires qu'on n'aperçoit qu'à l'aide du microscope, jusqu'aux plus grands colosses. Près des rocs arides du Spitzberg, des plages inhospitalières de la terre Victoria, là où le sol ne produit pas même le plus humble lichen, là où l'on ne voit plus aucun renne, et où l'ours polaire ne peut se procurer sa subsistance, la mer est couverte de fucus et de conferves, et des myriades de petits êtres vivants y trouvent un aliment.

L'eau limpide du ruisseau n'est pas plus limpide que celle de l'Océan. Ses teintes varient à chaque rayon de soleil, à chaque nuage qui passe, et quelquefois ses vagues reflètent le fond de son lit. Mais ses teintes les plus vives lui viennent des plantes et des infusoires qu'il recèle dans son sein. Sur la mer Arctique, une large bande d'une couleur d'olive foncée passe en droite ligne à travers un pur outremer. Sur la côte d'Arabie s'étend une ligne verte si distincte, qu'on a pu voir le navire flotter à la fois dans l'eau verte et dans l'eau bleue. La mer Vermeille de Californie tire son nom de la teinte particulière de ses infusoires. La couleur de la mer Rouge passe de la nuance délicate de l'œillet à l'éclat de la pourpre, selon que ses légions d'animalcules se meuvent par bandes plus ou moins compactes. D'autres masses de petits animaux teignent les eaux des Maldives en noir, et celles du golfe de Guinée en blanc.

Lorsque le capitaine Ross explorait la mer Arctique, en jetant sa sonde à une profondeur de 6,000 pieds, il ramena des animalcules vivants. A une profondeur qui surpasse la mesure de nos plus hautes montagnes, l'eau est animée par une quantité infinie de créatures phosphorescentes qui, en montant à la surface de la mer, étincellent dans chaque vague et projettent au loin un sillon de feu. On sait que ces animalcules, par leur multiplicité et par leur rapide décomposition, font des eaux qu'ils peuplent un fluide nutritif pour les habitants gigantesques de l'Océan. Mais ils ont leurs stations distinctes et leurs moyens de locomotion. Ils voyagent au loin et rapidement. Des courants inconnus à l'homme les portent par grandes masses du pôle à l'équateur, et quelquefois d'un pôle à l'autre. La baleine est obligée aussi de voyager pour les trouver. Elle court de la mer Arctique jusqu'aux Antilles pour suivre les méduses dont elle se nourrit. Quelle étrange chose que cette marche ardente du géant des mers à la suite d'une espèce de globule gluant, incolore, à peine perceptible!

Par d'autres raisons, d'autres courses s'opèrent dans le mystérieux empire des mers. L'eau est le véritable élément du mouvement et il se fait là des migrations perpétuelles d'une zone à l'autre. Pas une espèce d'animaux ne voyage autant et aussi régulièrement que le poisson, et nulle part on ne distingue mieux l'étroite corrélation qui existe entre les besoins de l'homme et les ressources que lui donne une prévoyante Providence. Autrefois, les premiers harengs qui apparaissaient dans les eaux de la Hollande étaient payés au poids de l'or, et un noble japonais dépensait un millier de ducats pour se procurer quelques poissons, s'il plaisait au roi d'en avoir, en plein hiver, quand les poissons avaient abandonné les côtes de son empire.

Tantôt isolément, tantôt par bandes, les poissons errent continuellement. Le délicat maquereau s'en va vers le sud, la fine, élégante sardine de la Méditerranée se dirige au printemps vers l'ouest, puis retourne à l'est. L'esturgeon des mers du Nord s'aventure sur les larges rivières de notre continent; on l'a trouvé en Allemagne, et jusqu'au pied de la fameuse cathédrale de Strasbourg. Des masses triangulaires de saumons remontent les fleuves septentrionaux en légions si serrées que parfois ils arrêtent le cours de l'eau. Avant leur arrivée, des millions de harengs ont abandonné ces mêmes fleuves, mais on ne sait d'où ils sortent. Au printemps, ils apparaissent comme des îles flottantes de deux ou trois milles de largeur, de vingt à trente milles de longueur. Ils forment une masse si serrée, si compacte, que souvent ni la sonde, ni le harpon ne peuvent y pénétrer. Ce que les requins et les oiseaux de proie en dévorent, personne ne peut le dire; ce qui en périt sur les côtes, c'est incalculable, et l'on en sale encore plus de mille millions pour la consommation de l'hiver.

Comme chacun le sait, la mer abrite les animaux les plus prodigieux, des baleines cinq fois plus grandes que l'éléphant, le géant des animaux terrestres, des tortues qui pèsent plus de mille livres. Autour des îles merveilleuses de l'océan Arctique, on capture chaque année des milliers et des milliers de morses et de phoques. Ailleurs, du sein des vagues écumeuses s'élèvent des oiseaux monstrueux dont l'homme n'a jamais vu les repaires, dont les petits sont élevés sur des plages inconnues. Des îles et des montagnes entières sont formées, de générations en générations, par les excréments d'une race de petits oiseaux.

L'Océan n'enferme pas seulement dans ses vagues des montagnes et des plaines, des prairies verdoyantes, des déserts sablonneux et des sources d'eau fraîche qui de leur secret bassin jaillissent dans l'eau salée; il a ses riches forêts avec leurs parasites, ses vastes prairies, ses jardins en fleurs, ses paysages plus vastes, plus imposants que ceux de la terre ferme. Il est vrai qu'on n'a découvert dans l'intérieur des mers que deux espèces d'algues ou de fucus. Mais le nombre en est si grand, les formes si variées, les couleurs si brillantes, qu'elles composent un jardin féerique, et de même que les rameaux de nos arbres s'inclinent au souffle de la brise, se courbent et gémissent sous le vent de l'orage, de même les plantes aquatiques subissent l'effort de la vague qui ébranle leurs racines et déchire leurs feuilles. Quelquefois elles périssent dans cette lutte, et on les voit flotter par faisceaux épais vers les plages lointaines où elles forment une sorte de lande impénétrable.

Les différentes espèces de fucus s'élèvent dans les diverses régions de l'Océan et ont leurs limites déterminées. Quelques-uns se cramponnent si fortement à leur base que lorsque les flots impétueux les enlèvent, ils enlèvent en même temps comme des ancres, les rocs auxquels ils ont attaché leurs racines. La plupart se développent dans le voisinage des côtes, et rarement on les trouve à plus de quarante brasses de profondeur; mais ils naissent dans toutes les mers, et, chose singulière, les plus grands sont ceux des mers arctiques. Il y en a là qui n'ont pas moins de quinze cents pieds de longueur. Parfois ils couvrent un vaste espace, ils apparaissent comme de vertes prairies sur le sombre azur des eaux. C'étaient ces prairies qui étonnaient et épouvantaient les premiers navigateurs. La plus considérable est celle qu'on appelle le lac de Sargasse, entre les Açores et les Antilles. On dirait un jardin flottant, un jardin qui a de cent à trois cents milles de largeur et qui s'étend sur vingt-cinq degrés de latitude. Colomb employa trois mortelles semaines à franchir ces fabuleuses prairies.

Quand on enlève ces fucus à leur élément, on est frappé de la bizarrerie et du luxe de leurs formes. Ce ne sont en réalité que des masses gélatineuses recouvertes d'une espèce de cuir lustré, et divisées en rameaux irréguliers qui se terminent en feuilles effilées. Il en est que l'on peut manger. Dans la mer d'Irlande est le fucus aux feuilles recourbées, désigné sous le nom de mousse de Carraghen, dont les médecins recommandent l'emploi dans les maladies de poitrine. Une autre sorte de fucus donne aux hirondelles des mers de l'Inde la matière dont elles composent leurs fameux nids. Le fucus à sucre des mers du Nord est large comme la main, mince comme un fil, et s'étend sur une longueur de plusieurs milles. On en extrait, au moyen d'une préparation, le suc auquel il doit son nom.

Dans les eaux glacées des mers antarctiques, on voit des fucus de mille pieds de longueur dont le feuillage a des teintes de pourpre et de cramoisi. Les membrures centrales de ces magnifiques feuilles sont supportées par des espèces de vessies qui les soutiennent à la surface de l'eau. Dans les îles Malouines il y a un autre fucus qui ressemble à un pommier; sa tige droite porte des branches fourchues et une quantité de fruits. Ses racines s'enlacent aux rochers et ses longues feuilles pendent comme celles des saules sur les flots orageux.

Outre cette innombrable variété de fucus, il existe encore au fond de la mer une foule d'autres végétaux, de larges lichens poreux, d'herbes empourprées, d'alguestouffues dont les rameaux déliés sont toujours en mouvement.

Ces diverses plantes forment les forêts sous-marines, elles grandissent pêle-mêle dans une apparence de désordre, ici entrelaçant leurs branches, là s'arrondissant en berceaux et ouvrant sous leurs feuillages de longues avenues; quelquefois elles sont si serrées qu'elles ressemblent à un fourré impénétrable; d'autres fois il y a entre elles de longs intervalles où les plus petites apparaissent comme une plate-bande d'œillets. Selon les différents effets de lumière sur ces plantes rayonnent de nouvelles teintes. Curieux surtout est l'aspect des fucus avec leur fantastique développement, avec leurs mystérieuses galeries de feuillage, que ni la lune ni le soleil n'éclairent ou avec leurs panaches d'or et de pourpre flottant à la surface de l'eau. Cette scène qui ressemble à un rêve, cette végétation de l'Océan est animée par les mollusques aux couleurs diaprées et les poissons aux écailles luisantes.

Des espèces de limaces de différentes formes rampent le long des tiges élancées, tandis que les veaux marins se tiennent suspendus à de larges troncs. Là est la sirène des anciens, le requin avec ses yeux de plomb, le léopard des mers avec son épaisse crinière, et la lente tortue. Regardez ces créatures étranges assoupies au fond de leur ténébreuse demeure. Comme elles se meuvent tout à coup, comme elles se lèvent pareilles à des îlots mobiles! C'est un requin affamé qui s'avance lentement, traîtreusement de leur côté; ses regards vitreux épient une proie; le chien de mer qui le premier aperçoit ce redoutable ennemi se hâte de chercher un refuge dans la forêt. En un instant l'aspect de la scène maritime est changé. L'huître ferme bruyamment sa coquille et se laisse tomber au fond de l'eau; la tortue cache sa tête et ses pieds sous son armure; le petit poisson disparaît entre les rameaux des plantes; le homard se retire sous leurs racines. Seul le jeune morse se tourne vers le monstre vorace et le brave avec ses dents aiguës. L'un et l'autre cherchent à combattre dans la forêt. Bientôt l'agile requin parvient à blesser son adversaire; le malheureux morse essaye de se retirer dans l'épaisseur des bois pour y cacher son agonie, mais, aveuglé par sa douleur, par le sang qui coule de sa plaie, il ne peut se dégager des branches au milieu desquelles il s'est jeté et devient la proie de son implacable ennemi.

A quelques milles de distance, on peut voir une scène d'une nature toute différente, un banc d'huîtres dont rien ne trouble la douce quiétude. Endormis en apparence dans leurs coquilles, ces voluptueux mollusques vivent pourtant d'une vie épicurienne. Étrangers aux rumeurs du monde, à ses anxiétés et à ses joies, indifférents à ses tempêtes et à ses passions, ils se concentrent en eux-mêmes et savourent tranquillement leurs jouissances sensuelles. L'Océan entretient leur satisfaction. Sans qu'ils aient besoin de se mouvoir, ils reçoivent leur nourriture du flot qui les baigne. Chaque parcelle d'eau qui entre en contact avec leurs ouïes délicates y renouvelle l'air, rafraîchit et fortifie leur sang transparent.

C'est dans la mer aussi qu'on trouve cette étrange production demi-animale et demi-végétale, le corail. De l'arbre calcaire s'élève le polype, il grandit, il enfante d'autres êtres comme lui, puis s'ensevelit dans sa cellule rocailleuse, sur laquelle de nouvelles générations construiront de nouveaux étages.

C'est ainsi que se développent les rameaux du corail. Dans la végétation de ses branches supérieures, germe un animal vivant qui a la forme extérieure d'une fleur et qui en a aussi la teinte brillante. Le polype s'éveille à la vie dans la pierre, puis se pétrifie à son tour dans la pierre. Mais quelques œuvres incroyables sont accomplies par ces actifs zoophytes, par ces êtres qui palpitent et qui végètent, qui sont à la fois des plantes et des animaux! Ils bâtissent des châteaux dont la base repose au fond de l'Océan, dont les spirales s'élèvent d'étage en étage au-dessus des vagues, dont les murs sont affermis par un ciment comme il n'en existe point sur notre globe.

Par la beauté de leurs formes, par l'éclat de leurs couleurs, ces édifices gigantesques ont attiré dès les temps les plus anciens l'attention des curieux et donné lieu à plus d'une erreur. Pendant des siècles entiers on a cru que les tiges de corail étaient réellement des plantes aquatiques qui, dès qu'on les enlevait à leur élément, se pétrifiaient au contact de l'air. Au siècle dernier, on s'en tenait encore à cette hypothèse, et ceux des naturalistes qui avaient découvert la vérité n'ont pu parvenir qu'après de longs efforts à la faire admettre. Récemment Charles Darwin, dans sa charmante narration, nous a familiarisés avec cette étrange création.

Tandis que l'homme emploie toutes les forces

que lui donne son intelligence à lutter, et souvent à lutter en vain, contre la puissance de l'Océan, le polype éphémère continue paisiblement avec sa modeste industrie la même lutte contre la violence des flots. C'est un fait remarquable que ces zoophytes ne construisent jamais leur demeure, ni au milieu des eaux troubles, ni dans les eaux dormantes, mais dans les parages où la mer se brise avec fureur contre les écueils. C'est là qu'ils posent les fondements de leur édifice qui, d'année en année, de siècle en siècle, s'élargit jusqu'à ce qu'il enferme dans son enceinte de vastes lacs dont ni l'ouragan, ni les vagues ne peuvent troubler le calme éternel. Cependant ces magnifiques structures s'arrêtent à la surface de l'eau, car les polypes sont les enfants de la mer, et ne peuvent résister à l'action de l'air et du soleil.

Comme les îles enchantées, les récifs de corail apparaissent sous le ciel des tropiques. C'est un admirable aspect que celui de cette ceinture de rameaux colorés par une chaude lumière s'arrondissant autour d'un lac paisible, tandis que près de là les flots emportés, les flots impétueux se jettent sur les brisants.

Souvent de larges bancs de corail entourent de hautes montagnes au pied desquelles s'épanouit la splendide végétation des tropiques. Dans l'enceinte de ces récifs une eau calme étincelle aux rayons du soleil, tandis qu'au dehors les vagues écumeuses se lancent contre ces remparts fantastiques qu'elles ne peuvent briser. Ainsi les faibles polypes protègent contre le ravage des flots la terre habitée par l'homme orgueilleux, car les polypes n'échouent point dans leur lutte contre l'Océan. Toutes les nations du globe réunies ne parviendraient pas à construire une de ces forteresses de corail, et ces forteresses, on en compte des milliers dans l'océan Pacifique, toutes construites dans la même forme circulaire, enfermant un lac dans leurs murs et descendant de la surface des flots jusqu'au fond de la mer. Les courants y apportent des plages lointaines des graines et des arbres vivants, où des volatiles ont fait leur nid, où les insectes pullulent, où les lézards ont leur gîte, où les oiseaux de mer donnent la vie à cette nouvelle bande de terre.

Ainsi se rejoignent au fond des eaux l'animal et la plante. Le pâle fucus enlace de ses longues fibres le corail de pourpre, et à travers ces rameaux effilés, le nautile, l'argonaute des anciens, déploie ses voiles. Chaque rayon de lumière qui tombe sur le cristal des mers pénètre dans leur intérieur. Mais les cavités de l'Océan ont aussi leurs couleurs lumineuses; là est le poisson avec ses écailles d'or et d'argent, là sont les clochettes phosphorescentes, les clochettes blanches et azurées de la méduse flottant à travers d'autres fleurs d'un rouge cramoisi, et toutes les petites créatures gélatineuses errant parmi les vertes algues. Quand le jour s'éteint, quand la nuit commence à étendre son manteau sur les mers, une nouvelle, une mystérieuse clarté brille dans ce jardin fantastique. Çà et là des flammes s'allument et disparaissent; des étoiles scintillent de côté et d'autre, et de leur vive lueur imprègnent les sombres vagues. A un sillon d'étincelles on reconnaît le jeu des dauphins sur les flots immenses; à un autre sillon, les bonds capricieux des marsouins, tandis que le poisson qu'on appelle la lune apparaît comme un spectre et projette au milieu des brillantes astéries un reflet blafard. Et toute cette scène n'est point ensevelie dans un morne silence. Écoutez; vous entendrez résonner dans son perpétuel mouvement les soupirs du vieil Océan, ils s'unissent aux murmures de la terre et des airs, ils se confondent en une même voix qui s'élève comme un concert de louanges éternelles vers le Très-Haut, vers Celui qui domine les terres et les mers.

L'illustre botaniste Schleiden rapporte que non loin de l'île de Sit-Ky, le fond des eaux est couvert d'anciennes forêts dont les tiges se rejoignent, dont les branches s'entrelacent. Au pied de ces forêts se déroule un tapis diapré de petites plantes aquatiques, de conferves rouges, de mousses brunes qui toutes déploient des milliers de filaments; sur cette molle couche, la laitue marine étend ses larges et élégantes feuilles qui servent de pâture aux colimaçons et aux tortues. Çà et là, entre les fucus qui festonnent les rochers, apparaissent les irides au feuillage de pourpre, les tiges élancées des laminaires qui déroulent leurs branches comme des rubans, et les alarias dont le tronc nu porte à sa sommité une feuille de cinquante pieds de longueur. Dans la même forêt il existe des arbres plus élevés encore, entre autres le néréocyste, qui grandit jusqu'à soixante-dix pieds de hauteur. De sa racine, qui ressemble à celle du corail, s'élance une tige menue qui s'épaissit graduellement et se termine par une tête monstrueuse sur laquelle se balance comme un panache un faisceau de feuilles délicates, mais immenses. Ce sont les palmes de l'Océan, elles croissent en quelques mois, étendent au loin leur dôme splendide, puis meurent, et bientôt renaissent avec une nouvelle magnificence. Sous ces berceaux de verdure, quel amas de poissons, de mollusques, de coquillages de toute sorte, ceux-ci taillés comme des étoiles, ceux-là pointus comme des cornes, d'autres flottant comme des rubans! Les uns sont armés d'une scie aiguë, d'autres d'une rangée de dents proéminentes; tandis que d'autres encore n'ont pour se défendre que la vessie d'où ils répandent un fluide pareil à une noire vapeur. Ceux-ci n'ont qu'un œil incolore, un regard stupide; ceux-là ont de vives et profondes prunelles animées d'une fine expression. A travers les taillis épais errent les larrons, les bêtes fauves de l'empire aquatique; et ce ne sont pas eux seulement qui poursuivent leurs victimes dans l'abîme, l'homme aussi y lance ses harpons pour y prendre sa proie.

En voguant sur les flots, les fiers navires ne dédaignent pas de ralentir leur marche pour enlever le fucus dont on fera de la soude, ou détacher des blocs de corail. Dans les rues d'Édimbourg, on peut entendre chaque matin les cris des gens qui vendent des algues, et le pêcheur irlandais brave la mort pour récolter dans les rapides courants la mousse de Caraghen. Le pauvre paysan de Normandie recueille les fucus morts que le vent et les vagues ont jetés sur la côte, et les transporte péniblement, parfois à une assez longue distance, sur ses champs qu'ils engraissent par leurs détritus. En hiver, une autre espèce de fucus sert de nourriture aux bestiaux dans les arides régions de la Norvège et des îles septentrionales. D'une autre espèce encore, les Groënlandais et les Irlandais extraient pour leur propre usage un nutritif, tandis que leurs femmes emploient à leur toilette la couleur du fucus rouge.

Ici l'esprit de l'observateur est arrêté par une réflexion.... Pour qui donc Dieu a-t-il créé ces splendides régions? Pourquoi cache-t-il les plus grandes merveilles de la nature sous ce voile d'azur, sous ce miroir qui reflète chaque rayon de lumière et reflète aussi comme par dérision le visage de celui qui essaye d'en sonder la profondeur?

Mais parce que nous ne connaissons point dans toute la variété de leurs formes et dans tous leurs détails les productions de l'Océan, l'effet qu'il doit produire sur nous en sera-t-il moins frappant ou moins durable? Nous ne pouvons compter toutes les étoiles du firmament, nous n'en distinguons qu'un petit nombre, et cependant la vue du ciel ramène notre pensée à notre créateur. L'aspect des mers doit produire en nous une impression semblable. « Le Seigneur, dit la Bible, est sur les eaux, sa voix est sur les mers. » Depuis les temps les plus reculés, l'Océan a été pour toutes les nations le type de la grandeur, de la puissance et de l'infini. Dans les fictions de l'Inde et de l'Orient, dans les mythes de la Grèce qui représentent l'Océan embrassant la Terre, dans les traditions hébraïques qui nous montrent l'esprit de Dieu planant sur les eaux, partout la mer nous apparaît comme la source de la vie et le siège de l'infini.

Il y a des nations qui n'ont jamais vu l'Océan,

et c'est chose curieuse d'observer quelle idée fantastique elles se font de ce monde inconnu. La poésie allemande est pleine à ce sujet de peintures imaginaires. Mais les peuples navigateurs ont aussi leurs fictions maritimes. Celle du vieux marinier est répandue dans toutes les contrées, et Tennysson a chanté les amours des *meermaids*. Ce qui est vrai, c'est que ceux qui naviguent dans les mers voient les grandes œuvres de Jéhovah.

Si uniforme que soit en apparence l'aspect de l'Océan, il s'y opère cependant de nombreux changements; il a tour à tour un caractère sombre ou radieux. C'est seulement lorsque la brise est apaisée, lorsque les vagues sont aplanies que l'Océan se montre dans sa placide majesté. Mais, à une longue distance de la terre, rien n'est plus terrible que la durée d'un calme plat. Le navire à voiles est alors arrêté sur les eaux transparentes comme dans un cercle magique. En vain le marin s'agite et s'efforce de trouver un moyen de salut dans le péril mortel qui le menace. Il ne peut sortir de la ligne fatale où les vents l'ont abandonné, et déjà autour de lui rôdent les monstres aquatiques qui semblent pressentir la proie qui leur est réservée, les requins qui le regardent de leurs yeux vitreux et l'attendent. Effroyable est l'image d'un ouragan, d'un naufrage, d'un incendie en mer, plus effroyable encore est ce calme de l'Océan, où l'on n'entrevoit plus aucun espoir de brise, où, sous le même ciel, sur la même onde immobile, les pauvres navigateurs languissent de jour en jour, jusqu'à ce qu'ils meurent de faim et de consomption.

Mais en d'autres moments, quel ravissant spectacle que celui de la mer avec ses flots étincelants, avec les agiles navires qui la sillonnent! Le murmure des vagues résonne alors à l'oreille comme la voix d'un ami; l'aspect de l'onde cristalline récrée le regard, en même temps que son immensité subjuge l'esprit par la pensée de l'infini. A cette pensée de l'infini se joint une impression de crainte mystérieuse, produite par la difficulté de comprendre la grandeur de cet élément et la connexion de ses phénomènes avec la destinée de l'homme. Les flots de l'Océan se soulèvent par une force invincible, et dans leurs profondeurs fourmillent des êtres étranges, inconnus, indisciplinés. A côté de la terre cultivée, fleurie, vivace, la mer apparaît comme un grand désert d'eau avec un caractère sinistre, et l'on dirait que ses vagues gigantesques, frappant sans cesse les plages de notre globe et de nos îles, doivent en déraciner les fondements. C'est ainsi que l'Océan éveille en nous une terreur mystérieuse, tandis que, par son image de l'infini, il nous détourne des pensées ordinaires, et porte notre imagination à des conceptions fabuleuses. Toutes les contrées qui avoisinent la mer ont leurs légendes et leurs contes maritimes. Le poète compare aux divers mouvements des flots diverses passions humaines. Le peuple croit à des sirènes douées d'un pouvoir magique qui attirent le matelot dans leurs grottes de cristal, à des rois et à des fées aquatiques qui habitent les palais enchantés, à des animaux d'une forme épouvantable, qui se montrent comme des spectres dans ces régions ténébreuses, à des serpents qui s'y déroulent sur un espace démesuré. Le crédule marin, en cherchant dans sa surprise un rapport entre sa destinée et ces phénomènes de la nature, considère certains oiseaux aquatiques comme les précurseurs d'un orage prochain, les poissons volants comme les âmes des naufragés, et signale le *Voltigeur hollandais* et *l'Ancien Marinier* comme des exemples de la colère de Dieu.

Le cœur ferme, le cœur religieux repousse ce rêve et ces suppositions. Pour lui, la mer est l'arène de l'énergie et du courage. La vie du navigateur est une lutte constante. Pour lui aussi il y a là le charme de la liberté. Sur cette immense étendue de l'onde, où il n'entrevoit aucune limite, où il est seul sous le regard de Dieu, il faut qu'il compte sur ses propres forces, qu'il s'affermisse dans sa foi, et il éprouve alors un noble sentiment que la terre ne peut lui inspirer, et qui, en dépit de toutes les fatigues et de toutes les souffrances, lui fera déserter la jouissance du port pour le ramener à l'Océan. Il sait que là il est sous la protection d'une main suprême qui le dirigera et le soutiendra.

LA NATURE EN MOUVEMENT

LES ROCS ET LES PLANTES

DE VERE

STRAY LEAVES FROM THE BOOK OF NATURE

On a longtemps cru à la fixité et à l'immutabilité de la terre. Cette croyance a été l'une des erreurs populaires les plus tenaces. Mais le calme dans lequel notre mère la terre paraît s'assoupir n'est qu'une illusion : dans la nature entière il n'y a rien d'immobile. La lune tourne autour de la terre, laquelle tourne autour du soleil: le soleil autour de quelque autre grand astre, et tous les corps célestes autour du trône du Tout-Puissant.

Dans son propre orbite, la terre n'est point inagitée, comme on se le figure, et, de temps à autre, on reconnaît jusque dans ses fondements les signes de la vie mystérieuse qui anime le vaste globe. Des aréolithes tombant des sphères lointaines, inconnues, nous révèlent le mouvement qui s'opère dans des espaces étrangers à l'imagination de l'homme. Les rochers aussi bien que les corps animés voyagent. Ce sont même les plus anciens voyageurs. Les montagnes ne restent point constamment sur leur base, et la mer n'est point éternellement la même. Il y a des millions d'années que les rocs s'ébranlèrent dans les glaces des régions polaires. Les rocs du Spitzberg, du Groenland et même ceux de la Norvège et de la Suède se mirent en mouvement et s'avancèrent vers les régions du sud. Ces lourds, rudes touristes, stationnèrent dans les déserts de sable qui s'étendent entre l'Asie et le nord de l'Europe. Les uns, les plus pesants, apparaissent là avec leurs flancs dénudés, leur front chauve comme des géants des anciens âges. D'autres, plus légers, roulèrent aux pieds des montagnes et se dispersèrent dans les plaines de l'Europe et de la Sibérie. Les savants les désignent par le nom de *blocs erratiques*, le peuple les appelle les *enfants perdus*; car, ainsi que des enfants perdus, ils appartiennent à d'autres régions et à d'autres races que celles qui les entourent. Quand se sont-ils mis en route? on ne sait. C'est probablement au temps où l'Océan septentrional s'étendait encore jusqu'au cœur de notre continent. D'autres blocs ont été violemment entraînés dans des masses de neige et de glace. Des îles de glace se détachèrent par une effroyable convulsion des côtes de la Scandinavie, la mer orageuse les charria dans ses courants, et elles flottèrent vers le sud, portant sur leurs larges épaules d'énormes rocs détachés de leurs montagnes septentrionales. Ces îles échouèrent sur une plage étrangère, se fondirent à la chaleur d'un autre climat et leur fardeau tomba sur le sol. Ces migrations, qui remontent à une époque qu'on ne peut déterminer, ne sont pas finies. D'année en année, on voit encore des blocs de pierre crouler des hauteurs des régions glaciales dans l'Atlantique, ou aborder à l'embouchure du Saint-Laurent. Si jamais, sur les bancs de Terre-Neuve, le fond de la mer était mis à découvert, on y trouverait des rocs issus du Groenland.

D'autres rocs ont été enfantés dans la mer même. Quand on observe la structure de certaines montagnes, dont la cime est couverte de neige et entourée de nuages, il est évident qu'elles ont été autrefois plongées au fond de l'Océan. Ces blocs de pierre, de sable, qui forment aujourd'hui de hautes chaînes de montagnes où s'élèvent des arbres gigantesques, où les oiseaux nichent, n'étaient autrefois que des grains de sable épars dans les profondeurs de la mer. Ils sont entremêlés d'une quantité innombrable de coquillages, d'ossements de poissons et d'autres débris de leur berceau. D'un autre côté, de larges espaces, à présent invisibles, ont été autrefois exposés à l'air et à la lumière, parés d'une vive végétation. Puis la mer est venue qui les a engloutis dans ses abîmes; car l'Océan infini n'est point aujourd'hui ce qu'il était hier, il change de forme et d'aspect comme toutes les choses de la terre. L'intérieur du globe est sans cesse en mouvement. Des pierres fondues, liquéfiées dans les fournaises souterraines, jaillissent du gouffre des volcans, se répandent en torrents de sable, puis se solidifient et se convertissent en une couche de terrain fertile.

A présent encore, les roches changent de place peu à peu par l'effet de nos puissants glaciers. Ce mouvement s'opère d'une façon lente, mais assurée. Le glacier de Grindelwald ne progresse que de vingt-cinq pieds en un an ; mais on a remarqué que celui de l'Unteraar s'était avancé de près de mille pieds dans le même espace de temps. Les pierres portées sur les crêtes de glace descendent du haut des Alpes jusqu'à la base des montagnes. Là elles forment des remparts élevés, des groupes pittoresques, ou s'élèvent de côté et d'autre dans les plaines, comme les pyramides colossales de Stonehenge.

Leur mode de locomotion ne ressemble à aucun autre. Il est si mystérieux que la science humaine ne l'a point encore approfondi. Ainsi, quand de larges masses de rocs sont tombées accidentellement dans les crevasses des plaines, elles remontent peu à peu par une force irrésistible à la surface de l'abîme. On remarque fréquemment des pilastres de glace qui, en se détachant de l'épaisse structure à laquelle ils appartiennent, portent à leur sommité d'énormes pierres. Quelque temps après, ces pilastres fondent, et les pierres s'ensevelissent dans la neige.

Puis un jour vient où elles reparaissent de nouveau, et les Suisses disent alors que le glacier se purifie. Et le fait est que le glacier ne supporte dans son cristal transparent aucun élément hétérogène. Quoiqu'il soit sur une large étendue parsemé d'une quantité de cailloux et de détritus de toute sorte, au pied de la montagne il est si clair et si pur qu'à l'aide même du microscope on n'y distingue pas un corps étranger. Ce qui est vraiment surprenant, c'est que des objets de toute sorte tombant également sur des couches de glace, les parties organiques de ces objets entrent peu à peu dans l'élément glacial, tandis que les parties inorganiques en sont rejetées. Un jour un cheval s'engloutit dans un de ces glaciers. L'année suivante son squelette, complètement décharné, reparut à la surface. Au milieu du seizième siècle, les glaciers s'accrurent tellement par la neige de plusieurs hivers successifs qu'ils descendirent beaucoup plus bas que de coutume et engloutirent dans leur marche la chapelle bâtie au pied du Grindelwald. Pendant des années entières tout resta enseveli dans cette froide tombe; et un jour voilà qu'à sa sommité on distingue une tache noire; c'était la cloche de la chapelle, que des mains pieuses enlevèrent à son gîte silencieux et transportèrent dans la ville voisine pour y sonner gaiement les heures de fêtes.

Si les roches descendent ainsi par l'action des glaciers, elles accomplissent avec moins de lenteur un autre mouvement, un mouvement d'ascension. Les mêmes éléments dont le vulgaire ne reconnaît la violence qu'à la surface de notre globe, agissent avec impétuosité dans ses entrailles ténébreuses. Strabon et Pannonius nous enseignent que trois cents ans avant Jésus-Christ, le mont Méthone surgit sur la péninsule Trocédienne. Ovide dit aussi en beaux vers comment une aride colline s'éleva tout à coup au milieu d'une belle plaine. A chaque époque, on a vu des rochers et des collines se dresser subitement à la surface de la terre. Au siècle dernier, le volcan de Jorullo s'éleva à une hauteur de mille cinq cent quatre-vingts mètres dans les plaines du Mexique. Le Vésuve a aussi ses montagnes volcaniques, qui quelquefois jaillissent de ses profondeurs. L'île de Santorio, qui, en 1810, était encore plongée dans les eaux, n'était plus, en 1830, qu'à quelques pieds de leur niveau. Elle a la forme d'un pic escarpé, et à sa cime s'ouvre un cratère d'où s'échappent des torrents de vapeurs sulfureuses. Stromboli est sortie également du fond de la mer pour prendre place parmi les îles de la Méditerranée. Quoique les parages de l'Italie soient comparativement à d'autres assez paisibles, il y a là cependant des amas inépuisables de matières incandescentes, et de temps à autre on y voit surgir des îlots éphémères.

Étonnantes par leur force et leur grandeur, ces éruptions ne peuvent être comparées par leur continuité avec le mouvement régulier et presque imperceptible des particules de sable et de gravier. De larges blocs de granit, des masses de grès, exposés sur la cime des montagnes à l'influence de la chaleur et du froid, de la pluie et de la neige, se dissolvent et se réduisent en grains de sable. Le vent, l'orage, les torrents les emportent de vallée en vallée, les jettent sur la côte, les amassent dans l'Océan. Ainsi, d'âge en âge, les cimes les plus élevées sont brisées en morceaux et absorbées par la mer. Là, par leur propre poids et par la pression des eaux, elles se resserrent, elles forment de nouveaux rochers que l'œil humain ne peut discerner et qui, avant des milliers d'années, ne reparaîtront point hors de l'eau. On voit que, si l'Océan engloutit des montagnes, ces montagnes prennent leur revanche : peu à peu, par un procédé insensible mais certain, elles s'élèvent sur l'Océan. Telle est la puissance des petites choses dans l'univers. Puissance étonnante que l'on remarque surtout dans les dépôts que les fleuves, les rivières entraînent dans leurs flots. Ces dépôts versés au bord de l'Océan y constituent des barres, des collines qui entravent le cours du fleuve qui les apporta et l'obligent à se scinder pour s'épancher par de nouvelles issues; des deltas, de nouvelles terres se forment de ces petits globules de sable. De là résulte l'encombrement des embouchures du Rhin et du Danube; et chacun sait que le Nil a, par un travail semblable, par le dépôt constant de ses sables, formé la basse Égypte, à travers laquelle il a fallu creuser un canal pour rejoindre la Méditerranée. A son embouchure, le Mississipi est si lent et si faible qu'il ne peut plus porter le fardeau des immenses végétaux qui viennent des régions lointaines, où il prend sa source.

Ces débris des forêts tombent sur le sol, le sable et le limon remplissent leurs interstices, et là, comme à l'embouchure de toutes les grandes rivières, il s'élève une nouvelle terre. Le Gange, agissant sur une plus large échelle, se précipite au loin dans la mer. Comme l'eau douce est plus légère que l'eau salée, ses flots courent quelque temps sur les sombres vagues de l'Océan; mais bientôt ils rencontrent les brisants qui arrêtent leur dépôt de sable et de limon, et, en dépit d'une très forte marée, il s'est fait là une île de plus de deux cents milles de longueur.

Le mouvement de locomotion ne s'opère point seulement par l'action du feu et de l'eau. Sans l'effet des volcans, sans aucune convulsion apparente, des terrains de plusieurs milliers de milles carrés s'élèvent ou s'abaissent et changent ainsi matériellement la face de notre globe. On a dit qu'il y a peu de contrées qui restent longtemps en repos. Comme l'Angleterre seule a eu deux cent cinquante-cinq tremblements de terre, il est aisé de penser qu'à tout instant il s'opère çà et là des commotions du même genre, imperceptibles pour nos sens, mais faciles à constater par les instruments de la science. Les changements dont nous voulons parler sont cependant trop considérables pour être expliqués par ces commotions locales. Dans presque toutes les contrées de notre globe, on peut observer un soulèvement ou un affaissement graduel et continu. La géologie nous enseigne que ce n'est point un fait accidentel, que ce mouvement mystérieux a toujours eu lieu. Il est difficile cependant de le remarquer à cause de sa lenteur, de même qu'il nous est difficile de suivre la marche de l'aiguille sur un cadran de montre, et cependant, après un certain intervalle, nous voyons bien la distance qu'elle a parcourue. Si l'homme pouvait d'un regard embrasser tout l'espace, s'il pouvait pénétrer dans les âges anciens et dans les siècles futurs, il verrait notre continent s'élever et s'abaisser comme les vagues de la mer sous l'effort de la tempête. Toute la côte de l'Asie Mineure, de Tyr jusqu'à Alexandrie, s'est affaissée depuis la fin de l'empire romain. La Russie septentrionale, au contraire, s'est élevée constamment au-dessus de l'Océan Glacial, où elle était ensevelie depuis l'époque où elle portait ces gigantesques mammouths que l'on trouve là maintenant, conservés dans une glace éternelle, pour donner un aliment à des peuplades affamées et livrer au monde des mines extraordinaires d'ivoire. Près de Puzzola sont les restes d'un temple égyptien consacré au dieu Sérapis, et dont trois belles colonnes attestent l'ancienne splendeur. Par des recherches récentes, on a reconnu qu'elles étaient en grande partie, autrefois, plongées dans les eaux de la Méditerranée. Depuis cette époque, la terre s'est élevée, mais, chose singulière, ce temple paraît devoir être de nouveau submergé. Déjà sa base est couverte par les flots, et dans un siècle d'ici, de nouvelles générations de mollusques s'établiront sur ses colonnes, dans ses chapiteaux, qui maintenant s'élèvent au-dessus des plus hautes vagues. Un capucin qui demeure près de là raconte à ceux qui le visitent que, dans sa jeunesse, il a cueilli des grappes de raisin à l'endroit même où circulent aisément aujourd'hui les barques de pêcheurs. Venise, la vénérable cité des doges, s'affaisse aussi de plus en plus, comme pour cacher son infortune et sa honte dans le sein de l'Adriatique. Déjà, en 1722, lorsque le pavé de la place Saint-Marc fut enlevé, les ouvriers trouvèrent à une profondeur considérable un autre ancien pavé qui était déjà bien au-dessous du niveau de l'eau. Déjà l'Adriatique s'avance sur le second exhaussement de cette place. Quelquefois l'eau atteint les magasins, les églises, et si l'on ne se hâte de prendre des mesures, on peut avoir à souffrir un jour de grands dégâts. Sur un autre point de l'Adriatique, à Zara, on voit, par un temps clair, des mosaïques ensevelies dans les flots, et sur la rive méridionale de l'île de Bragutza, le bateau glisse sur une longue rangée de sarcophages en pierre.

Il existe aussi en France plus d'une trace notable de ces mêmes changements. L'infortuné saint Louis partit, comme on sait, d'Aigues-Mortes pour sa malheureuse croisade. L'endroit où il s'embarqua est maintenant à un mille de la plage et n'est pas un port. Au siècle dernier, en 1752, un navire anglais échoua près de la Rochelle sur un banc d'huîtres et fut abandonné. La place où arriva ce naufrage est à présent un terrain cultivé, élevé de 13 pieds au dessus de la mer, et près de là les paysans industrieux ont gagné, en moins de vingt-cinq ans, 2,000 acres d'un sol fertile. L'Angleterre offre plusieurs phenomènes semblables; ainsi la baie de Hithe, dans le Kent, qui était autrefois considérée comme un excellent port, est devenue, malgré les travaux qu'on a essayé d'y faire, une terre ferme et un bon pâturage.

Ces transformations graduelles et presque imperceptibles ont été observées avec un soin particulier en Suède, où, dès le temps de Celsius, le peuple croyait que les eaux se retiraient peu à peu du rivage. M. de Buch, l'illustre géologue allemand, et les savants de la Scandinavie, ont démontré qu'au nord de la province de Scanie, le sol de la Suède s'élève de trois à cinq pieds par siècle, tandis qu'au sud de cette même ligne il s'affaisse en proportion.

Quelques villages du sud de la Scanie sont maintenant à trois cents pieds plus près de la Baltique qu'au temps de Linné, qui mesura cette distance il y a un siècle. Ce mystérieux mouvement du continent est attesté par des témoignages historiques, et on en voit la preuve évidente sur plusieurs points des côtes de Norvège et d'Angleterre. A six cents pieds environ audessus du niveau actuel des eaux, on reconnaît les vestiges de l'ancien niveau à des couches horizontales de coquillages appartenant à des espèces qui existent encore dans les eaux adjacentes. Sur les côtes d'Allemagne et de Hollande, au contraire, le sol semble s'abaisser, et c'est là que se perpétuent les légendes qui racontent la submersion de plusieurs villes et de plusieurs provinces; c'est là que l'on parle de ces églises dont on peut voir encore les flèches sous les flots transparents et dont on entend résonner les cloches le dimanche. Ces légendes ne sont point de vaines fictions: on sait que de grandes cités, de larges îles, des provinces tout entières ont été englouties dans les vagues, et çà et là on est sans cesse occupé à protéger le sol contre l'irruption des eaux.

Mais la mer subit, comme nous l'avons dit, des oscillations du même genre. Le fond de l'océan Pacifique s'élève et s'abaisse régulièrement. On remarque le même fait sur la côte du Chili. Ainsi tout est en mouvement autour de la terre, sur la terre et dans ses entrailles. Le soleil n'est-il pas à lui seul une cause de mouvement perpétuel? Du sein de l'Océan il élève dans les airs les eaux qui doivent arroser les deux mondes.

Les nuages qui transportent ces eaux de région en région, voyagent sous toutes sortes de formes; ici ils se déroulent sur la voûte du ciel comme des manteaux de pourpre et d'or; là ils s'élèvent comme des édifices gigantesques; ici ils répandent leur réservoir aquatique en torrents impétueux sur les hautes montagnes; là ils le versent en pluie légère sur les vallons altérés; tantôt ils le condensent en une neige cristalline; tantôt ils l'épanchent en gouttes de rosée lucides et transparentes comme des perles. Si capricieux que semble leur office, chaque partie du globe en reçoit cependant chaque année sa juste part. Chaque rivière remplit son bassin, chaque naïade sa coquille. Et les vents, quels voyageurs actifs! nous les entendons siffler et mugir, mais nous ne savons d'où ils viennent, ni où ils vont; ils mènent une joyeuse vie, ces navigateurs de l'espace éthéré; tantôt ils chassent les nuages d'or dans l'azur du ciel, tantôt ils jouent avec les sapins gigantesques des régions septentrionales. Ils donnent le mouvement à de grandes ombres, ils éveillent l'écho endormi et recueillent les parfums des prairies en fleur. Aujourd'hui ils feront ondoyer comme des vagues les champs de blé, demain ils se glisseront sous les arbres fruitiers, ou enlèveront les feuilles des forêts. Aux jours de chaleur, ils se baignent dans l'humidité de l'Océan, et portent une rosée rafraîchissante sur la terre desséchée. Dans leur course vagabonde, ils signalent de différentes manières leur passage sur la plaine liquide. Les uns en rident légèrement la surface, d'autres y creusent de profonds sillons d'écume.

Tels sont les mouvements de la nature inorganique. Ceux des corps organiques sont plus rapides, plus apparents, mais laissent moins de grandes traces. Les rocs dans leur locomotion marquent comme des pierres milliaires la distance qu'ils ont franchie. Les hommes conservent la mémoire du passé par les traditions et par les monuments. Mais les plantes et les animaux sont d'une substance trop altérable, et n'ont point de voix pour raconter le passé. Ce que nous savons de leurs migrations nous ouvre de curieux aperçus dans la vie intérieure de la nature.

Les poètes ont fait des élégies sur le sort des pauvres fleurs clouées au sol où elles sont nées, tandis que leur ombre voltige autour d'elles

16

comme pour se railler de leur immobilité. Les arbres qui élèvent leurs branches bien au-dessus de leurs racines, qui s'imprègnent des parfums de l'air, baignent leur front dans la lumière du soleil, et arrêtent le cours des nuages, on les a représentés comme un symbole de l'âme qui aspire au ciel.

Cependant en réalité, les plantes voyagent beaucoup et loin. Il est vrai que leurs voyages s'opèrent surtout par leur semence, mais elles ont une quantité de moyens de locomotion ; l'eau, le vent, les animaux des champs, les oiseaux et l'homme, tout sert à les propager, de plage en plage, d'océan en océan. Toutes les forces de la nature sont employées à répandre à travers le monde, les richesses végétales. Parmi les plantes dont notre globe est revêtu, il en est au moins un quart dont les graines sont pourvues d'ailes, de parachutes, pour être transportées par le souffle des vents dans les régions lointaines. Chaque rivière, chaque ruisseau, une pluie même accidentelle, entraîne des milliers de plantes vers un autre terrain. Les puissants courants de la mer portent d'île en île des fruits, des noyaux, et dans la mer du Sud presque chaque branche de corail est couverte d'une riche, luxuriante végétation.

De nouvelles plantes éclosent aux lieux où l'on ne les avait jamais vues, et l'on ne trouve que de loin en loin très peu d'exemples de végétaux qui aient disparu. L'homme est l'agent le plus actif de ces migrations.

L'histoire et la science s'accordent pour nous démontrer que l'artère vitale du globe suit la même direction que le soleil, d'orient en occident. Tout nous vient de l'Orient. C'est de l'Orient aussi que les plantes se sont disséminées à travers les différentes contrées. Nous ne parlons pas de la première phase de notre univers, de l'époque où du chaos de l'Océan surgissaient des îles et des plantes qui se répandirent des pôles à l'équateur, et des montagnes dans les vallées. Nous ne parlons pas du temps où les palmiers et les fougères étaient ensevelis sous les glaces éternelles des mers du Nord, nous n'avons que trop peu de notions sur ces grands phénomènes. Mais dans des âges plus récents, nous pouvons suivre peu à peu, d'orient en occident, la migration de plusieurs plantes. Le café, le thé, la canne à sucre, le coton, le bananier, les arbres à épices sont originaires de l'Orient. Le lin, le chanvre proviennent des mêmes régions. La fève, le concombre furent introduits en Grèce à la suite des expéditions d'Alexandre.

Ce qu'il importe à l'homme de retrouver dans ses lointaines pérégrinations, ce qu'il propage surtout, ce sont les végétaux qui servent à sa nourriture et à celle de ses animaux. Les contrées tropicales produisent l'arbre à pain, le cocotier, le dattier, mais ces plantes ne s'élèvent que dans certains districts et ne pourraient prospérer ailleurs. La Providence a donné aux céréales, aux herbacées une flexibilité de structure qui permet à l'homme de les emporter avec lui partout où il veut aller. Parmi les quatre mille variétés de cette espèce de végétaux qui décorent notre globe, il en a choisi une vingtaine qui, sous un climat ardent, ou sous le ciel froid du Nord, nous donnent en quelques mois, en un été, une nourriture substantielle. De l'emploi de ces plantes date une nouvelle ère dans l'histoire de l'humanité. Alors la vie nomade du pasteur s'élève à la calme régularité de la vie agricole. Ainsi les grandes phases des annales humaines sont inscrites sur les feuilles des végétaux.

Sans doute, dès les premiers âges du monde, les céréales sont descendues de l'Éden dans les champs de l'homme, et plus tard on peut suivre la trace de leur implantation de peuplade en peuplade; mais on n'a pas découvert la place primitive de quelques-unes de leurs principales variétés, ni par là même, l'âge lointain où elles furent pour la première fois cultivées. Leur origine est enveloppée d'un voile mystérieux comme celle des animaux qui accompagnèrent l'homme dans ses premières pérégrinations. En cherchant à reconnaître leur point de départ, nous trouvons des traditions et des mystères qui disent comment on doit aux dieux ces trésors terrestres. Dans les traditions indiennes, c'est Brahma qui, pour donner cet aliment à ses peuples, descend du ciel; dans l'Égypte, c'est Isis; dans la Grèce, Cérès. Les anciens Péruviens expliquaient par des légendes semblables l'emploi du maïs, et ils le cultivaient sur le terrain sacré qui entourait le temple du Soleil, à douze mille pieds au-dessus de la mer. Mais en dehors de ces fables et de ces légendes, l'histoire nous enseigne que les céréales sont venues de l'Orient. Quelques mythes indiquent qu'elles ont d'abord pris naissance sur les plateaux de l'Asie d'où elles auraient disparu par suite de l'élévation de ces montagnes à des époques lointaines.

Tous les peuples n'ont pas également contribué à la propagation de ces dons de la nature. C'est la race caucasienne qui a pris la plus grande part à la destinée des plantes les plus importantes dans les diverses régions du globe. Les Européens ont successivement transplanté sur leur sol les végétaux qui appartenaient spécialement à d'autres races. Ils ont pris à l'Asie Mineure, à la Perse, l'amande, la pêche, l'abricot; à la Chine, l'oranger; à l'Amérique, la pomme de terre, le maïs, et ils sont parvenus à cultiver le riz et le cotonnier sur les rives de la Méditerranée. Puis ils ont porté dans leurs colonies les végétaux qui prospéraient dans leur propre pays. Ainsi nous retrouvons dans chaque province d'Amérique les céréales de l'Europe. La vigne a été implantée à Madère, aux Canaries, dans les districts méridionaux de l'Afrique et de l'Amérique; le riz et le coton fleurissent dans une grande partie du Brésil et des États-Unis. La noix muscade et le clou de girofle ont trouvé un sol favorable à l'île Maurice, à Bourbon et dans l'archipel des Indes occidentales. Le thé est cultivé au Brésil, dans l'Inde et à Java. Les autres races n'ont que très peu coopéré à cette œuvre d'agronomie. Les Arabes ont seulement aidé à la propagation du café, du sucre, du dattier et à la culture du coton qui, dans l'antiquité, n'existait que dans l'Inde, qui plus tard s'introduisit en Égypte. Les Chinois ont importé le coton de l'Hindoustan, et les Japons, le thé de la Chine.

Les céréales primitives de l'Europe sont certainement le froment et l'orge. On en a trouvé des provisions dans les ruines de Pompéia, et les peintures murales de cette ville silencieuse représentent des cailles becquetant des épis d'orge. Dans la Bible, dans Homère, dans Hérodote, il en est souvent fait mention, et Diodore de Sicile parle de blé qui croissait sans culture dans les champs Léontins et dans les autres parties de la Sicile. Mais l'antiquité n'a pu déterminer l'origine de ces plantes. On a plus d'une raison de l'attribuer encore à l'Inde. M. de Humboldt dit que, d'après les variétés des graines qu'on remarque encore là, on a tout lieu de croire que les céréales y ont été autrefois cultivées. Les Espagnols semèrent le froment en Amérique. Un esclave nègre appartenant à Cortès fut le premier qui en jeta dans le sol de la Nouvelle-Espagne trois graines qu'il aurait trouvées parmi les provisions de riz préparées pour l'armée. A Quito, au couvent des Franciscains, on conserve le vase en terre d'où un marin flamand tira les premiers grains de blé qu'on eût encore vus dans cette région et les sema à la place des arbres abattus devant sa demeure. L'orge que les héros d'Homère donnaient pour aliment à leurs chevaux est de toutes les plantes nutritives la plus répandue. On la cultive jusqu'aux derniers confins de la Laponie et jusque sur les plateaux élevés voisins de l'équateur.

L'importation du seigle est d'une date plus récente. Pline l'attribue à des marchands qui venaient de la Tauride. De son temps, on trouvait le seigle en plusieurs endroits aux environs de Turin. Des Wendes de la Serbie l'apportèrent au septième siècle en Germanie. Charlemagne qui en reconnut aussitôt l'importance en patrona la culture. Cette plante se répandit bientôt à travers tout le continent, et maintenant elle alimente au moins un tiers de sa population. On a supposé d'abord que c'était la même plante que l'on trouvait à l'état sauvage dans le Caucase, mais de nouvelles observations ont fait voir que c'était une autre espèce. Plus récente encore est l'introduction de l'avoine en Europe. Tandis que les Grecs la donnaient en herbe à leurs bestiaux, les Germains, dit Pline, en tiraient déjà pour eux-mêmes un aliment.

Dans les anciennes annales de l'Europe, le riz occupe déjà parmi les céréales une place importante. Il vient de l'Inde, et son nom sanscrit est *vri*. En Orient, il était, dès les temps les plus reculés, un des principaux éléments de subsistance. Au siècle d'Alexandre, on le cultivait sur les rives du bas Euphrate, d'où il fut transporté en Égypte. Les Romains ne paraissent pas en avoir fait usage; mais les Arabes, après leurs vastes conquêtes, l'implantèrent au sud de l'Europe. L'Amérique, qui ne le cultive que depuis le commencement du dernier siècle, en fournit maintenant d'énormes cargaisons à l'ancien continent.

Le Nouveau Monde cite le maïs comme une de ses productions indigènes; mais il n'est pas prouvé que ses prétentions à cet égard soient incontestables. Théophraste parle d'une certaine espèce de froment qui provenait de l'Inde et qui portait des grains de la grosseur d'un noyau d'olive. On peut aisément croire que c'était le maïs. Ce qui corrobore cette opinion, c'est qu'après toutes les recherches qu'on a faites, on n'a point découvert en Amérique, de tiges de maïs croissant d'elles-mêmes, sans culture, spontanément. Le nom qu'on lui donne en Europe indiquerait aussi une origine orientale. Les Allemands, les Italiens, l'appellent le blé de Turquie; les Grecs, le blé arabe.

N'est-ce pas une cruauté que d'enlever encore au Nouveau Continent l'honneur d'avoir produit la pomme de terre? On croit généralement que c'est là qu'elle est née; mais des botanistes qui ont fait un examen minutieux de la pomme de terre qui se développe à l'état sauvage, au Pérou, au Chili et dans le Mexique, ont reconnu que c'est seulement une variété de la nombreuse espèce des tubercules à laquelle appartient la pomme de terre. Un autre fait remarquable, c'est qu'on a essayé de cultiver au Mexique la pomme de terre européenne, et que tous ces essais ont complètement échoué.

Comme il n'est pas une entreprise heureuse qui n'ait son mauvais côté, pas une armée de braves soldats à laquelle il ne s'adjoigne des traînards et des voleurs, l'homme en charriant dans ses migrations les utiles céréales a par là même convoyé aussi toute une engeance de broussailles, d'épines et de chardons. La plupart de ces plantes qui poussent dans nos champs y sont venues sans doute avec les céréales. D'autres, en plus grand nombre, s'attachent d'elles-mêmes au roi de la nature, le suivent dans ses pérégrinations, et s'enracinent là où il s'arrête. Elles germent autour de sa demeure, elles se cramponnent à ses murailles, et c'est ainsi que, comme le remarque M. A. Saint-Hilaire, les voyageurs peuvent reconnaître, au milieu d'un désert brésilien, la place où s'élevait une habitation humaine, aux herbes touffues et aux broussailles qui y ont poussé. Ce qui est curieux, c'est que les différentes races d'hommes semblent attirer sur leurs pas différentes espèces de plantes, de telle sorte qu'à voir la végétation distincte de tel ou tel lieu, on pourrait presque dire si ce sont des Européens ou des Asiatiques, des Allemands ou des nègres, ou des Indiens qui y ont séjourné. Les vieilles tribus indiennes, dans leur langue pittoresque, appelaient le plantain : « la trace de l'homme blanc, » et dans une autre région, au Groenland, une herbe particulière marque encore le lieu que la colonie norvégienne a déserté depuis longtemps. L'étude des plantes peut donner plus d'un enseignement à l'historien. Par les plantes, on peut suivre la migration d'une race humaine. Nous citerons par exemple l'herbe sauvage que les Bohémiens apportèrent de l'Orient, et dont ils faisaient usage dans leurs préparations médicales. Ils l'ensemençaient autour de leurs campements, et c'est ainsi que des régions de l'Est, elle a voyagé jusque dans les parages de l'Ouest.

Quelquefois certaines plantes se multiplient d'elles-mêmes; de telle sorte qu'elles changent la flore primitive d'un pays. Ainsi, l'artichaut et le pêcher, introduits par l'homme dans les pampas de l'Amérique du Sud, y couvrent à présent de larges districts, au point d'y rendre le pâturage impossible. Des îles mêmes ont subi une transformation semblable. A Sainte-Hélène, les plantes indigènes ont presque entièrement disparu pour faire place à celles d'Europe et d'Asie. Dans la Chine orientale, tous les végétaux, qui croissaient spontanément sur un sol occupé par une population très nombreuse, sont maintenant anéantis; on ne voit plus là que ceux qui sont cultivés par la main de l'homme.

Quelques plantes envahissent littéralement une contrée et en bannissent les indigènes; d'autres périssent par le fait des révolutions. La Palestine, qui était autrefois si florissante et si féconde, est aujourd'hui stérile : elle a perdu ses fruits et ses vendanges; la joie s'est enfuie de ses campagnes. Notre trèfle vulgaire a ses stations de voyage très marquées; comme il a besoin d'humidité, il a quitté les plaines desséchées de la Grèce. L'Italie, après ses nombreuses dévastations, ne pouvait le garder : il s'est répandu au sud de l'Allemagne, et de là dans les humides régions du Nord. Pythagore n'aurait plus besoin aujourd'hui de défendre à ses disciples l'usage des fèves, car l'Égypte n'en produit plus. On chercherait en vain aussi la vigne de Maréote, qui égayait les convives de Cléopâtre, et qui a été chantée par Horace. Le meurtrier ne trouverait plus un asile dans les forêts de pins de

Poséidon; ces arbres ont déserté la plaine brûlante et se sont réfugiés sur les montagnes.

Nous n'avons pas besoin d'ajouter que de l'Orient viennent les fruits les plus délicats : la grappe de raisin, la cerise, la grenade, la pêche.

L'Italie n'est point la contrée où primitivement les citrons ont mûri; car les oranges et les limons sont venus en Europe par l'entremise des Arabes. On n'a trouvé aucune indication du limon dans les murs de Pompéia, et l'orange commune, qui est originaire de la Chine, fut importée en Europe par des navigateurs portugais.

Ici, nos fruits ont, après un certain espace de temps, acquis une plus belle forme, plus de saveur, et ont été transplantés au delà de l'Atlantique, où ils se propagent de province en province, où ils sont en marche pour retourner, par la Californie, vers leur sol natal. Le jour n'est pas loin où les États-Unis, qui déjà fournissent du blé à la pauvre Irlande, et décorent les tables des riches des plus belles pommes que l'on connaisse, enverront des raisins et des fruits à la Perse, d'où l'Europe a reçu une pêche rude et sans saveur. Ce qui mérite surtout d'être noté, c'est que jusqu'à présent, en récompense du sucre, des épices, des oranges, des grenades que l'Amérique doit à l'Ancien Monde, elle ne lui a fait que deux présents très équivoques : car les fumeurs seront les seuls à admettre comme un véritable présent le tabac, cette plante nauséabonde et de mauvaise odeur, qui, lorsqu'elle est prise en certaine quantité, peut devenir un poison. L'autre présent que l'Amérique se flatte d'avoir fait au Vieux Continent, c'est la pomme de terre, et, comme nous l'avons dit plus haut, il n'est point sûr que ce tubercule soit originaire d'Amérique.

Tous les botanistes ne s'accordent pas non plus à reconnaître le tabac comme un produit appartenant primitivement à l'Amérique. Il était, il est vrai, employé au Mexique dans les préparations médicales, quand les Espagnols y arrivèrent; mais on sait que dès l'année 1601 il était connu à Java et en Chine. On a lieu de croire que la Chine le connaissait bien avant cette époque. Or, comme le tabac ne fut introduit en Europe qu'en l'année 1559, par les Portugais, qui d'abord ne s'en servaient que comme d'un ingrédient de pharmacie, on peut supposer qu'il était répandu dans l'Asie orientale longtemps avant la découverte de l'Amérique. Si ces deux plantes proviennent primitivement du Nouveau Continent, il est à remarquer qu'elles dégénèrent en Europe, comme si elles contrevenaient aux lois de la nature, dont le mouvement s'opère d'orient en occident. La figue indienne, l'agave seraient seules une exception à cette loi de l'univers en vertu de laquelle les plantes, les animaux, les hommes, marchent des régions du levant vers celles du couchant.

Ce mystérieux et incontestable mouvement se continue sur une vaste échelle. De temps à autre il transforme tout le caractère de la végétation dans les pays nouvellement découverts ou nouvellement colonisés; car il y a une étroite corrélation entre les plantes et l'homme. Non seulement elles sont nécessaires à son existence, mais à son bien-être; elles lui donnent sa nourriture, ses vêtements, et lui fournissent en outre le moyen de pourvoir à la subsistance des animaux dont il a besoin. Les céréales sont devenues le premier des biens de la société; car leur culture et leur manipulation exigent un travail considérable et l'association dans le travail. Comme aucune société ne peut exister sans lois, il est permis de dire que ces plantes sont la première cause de toute législation. Pour les Romains, Cérès n'était pas seulement une divinité; ils l'appelaient une législatrice.

MIGRATION DES ANIMAUX

DE VERE

STAY LEAVES FROM THE BOOK OF NATURE

Aux yeux de l'observateur superficiel, les animaux semblent stationnaires comme les plantes. Il est vrai que les animaux domestiques sont à peu près ce qu'ils ont toujours été, mais les autres sont sans cesse en mouvement. Nous ne connaissons pas leurs anciennes migrations. L'histoire, qui ne nous révèle pas les premiers voyages de l'homme, ne peut rien nous enseigner sur les êtres d'un ordre inférieur. On peut supposer cependant que les animaux domestiques proviennent du grand centre de la vie terrestre, c'est-à-dire de l'Inde. Ce qui donne de la consistance à cette hypothèse, c'est que les tribus primitives se séparèrent au temps où les hommes ne vivaient encore que de la vie de bergers. La science philologique sert à démontrer ce fait : car, dans les différents idiomes, tous les termes qui se rapportent à la vie pastorale ont entre eux une étroite analogie, tandis que, sur d'autres points, il est beaucoup plus difficile de reconnaître leur parenté. Les animaux aussi ont une certaine connexion avec les lieux d'où ils sont issus, avec les animaux de même race qui errent dans leur fierté et dans leur beauté sauvage sur les plateaux de l'Asie.

Les animaux, de même que les plantes, voyagent à l'aide de certains agents que la nature a mis à leur disposition. Les grands cours d'eau, le Gange, le Congo, le fleuve des Amazones, l'Orénoque, le Mississipi, charrient à la mer des îles peuplées d'êtres vivants. On rencontre souvent en mer, à des milliers de milles de toute plage, des masses de fucus flottant à la surface de l'eau et servant de points de halte à de petits coquillages qui ne pourraient nager très loin. Dans les parages des Moluques et des Philippines, les navigateurs voient souvent, après un typhon, des amas de bois flottant pareils à des îles. Les flots de l'Océan se chargent aussi de troncs d'arbres remplis à l'intérieur de larves d'insectes, d'œufs de mollusques et de poissons. Quelquefois des lézards, des oiseaux voyagent sur ces arbres de zone en zone, et un jour, à l'île de Saint-Vincent, on a trouvé un énorme boa enlacé à un tronc de cèdre que les flots avaient enlevé aux forêts du Brésil. Plus d'une fois, le grand courant de l'Atlantique a jeté sur la côte des Açores des cadavres appartenant à une race inconnue. Un fait de cette nature, en affermissant Colomb dans sa croyance, a été l'une des causes de la découverte du nouveau monde.

En même temps que les eaux accomplissent cette fonction, des courants d'air emportent au loin des myriades de graines de plantes et une quantité innombrable d'œufs d'insectes et d'infusoires. Pour démontrer ce phénomène, qui avait été contesté, un professeur allemand, M. Unger, plaça plusieurs feuilles de verre bien nettoyées entre les vitres d'une double fenêtre. Six mois après, il examina avec le microscope la poussière qui était tombée sur ces feuilles par d'imperceptibles crevasses; il y découvrit les pollens de huit plantes distinctes, les semences de onze variétés de champignons, les œufs de quatre infusoires et plusieurs infusoires vivants.

Mais des animaux d'une plus grande dimension changent aussi de place par des moyens semblables. On a vu fréquemment des souris, des insectes, des poissons, des reptiles emportés au loin par des coups de vent et des tourbillons. Il y a quelques années, on vit tomber dans une campagne de France une vraie pluie de poissons, et, depuis le temps de Moïse, les pluies de grenouilles ont plus d'une fois surpris les regards en différents lieux.

Ce qui est plus remarquable encore, ce sont les voyages spontanés, aventureux de ces petits animalcules qui se balancent dans les airs sur un fil d'argent. En automne, on peut voir ces légers aéronautes déroulant le fil qui doit les soutenir, et s'y suspendant comme un matelot à un cordage. Avec ce merveilleux ballon, ils s'avancent très loin, car, à la distance de trois cents milles du rivage, Darwin le naturaliste en a vu tomber des centaines sur son navire. On a fait, sur la nature de ces êtres mystérieux, différentes hypothèses. On a pensé que comme ils apparaissaient surtout après une abondante rosée, leur fil se trouvait mêlé à cette rosée, et s'en échappait par une brusque évaporation. D'autres naturalistes ont découvert que ces petits voyageurs mettaient en pratique les lois de l'électricité; que leur fil, étant d'une électricité négative, est naturellement repoussé par l'atmosphère inférieure, et attiré par les couches d'air plus élevées. Ni l'une ni l'autre de ces suppositions n'est démontrée.

De toutes les causes de migrations irrégulières et subites des animaux, la plus fréquente et la plus puissante, c'est la faim. L'âne sauvage des steppes de l'Asie quitte en été les déserts de la Grande-Tartarie pour s'en aller paître au nord et à l'est du lac Atal. Quelquefois ces quadrupèdes émigrent par milliers au nord de l'Inde et jusqu'en Perse. Le lièvre de Sibérie et le rat de Norvège, le renne, le bœuf musqué, quittent les régions arctiques, pressés par la faim, et se dirigent vers le sud. Les migrations des lemmings de la Laponie sont plus régulières. Par suite de la rareté des aliments ou de l'accroissement de leur population, tous les dix ou douze ans il se forme deux bandes de lemmings, dont l'une se dirige à l'est et l'autre à l'ouest. C'est un fléau pour les champs qu'ils traversent, car ils rongent les plantes, dévastent les jardins et les moissons. Ils s'en vont devant eux en droite ligne, se jetant à la nage dans les rivières, gravissant les montagnes, passant hardiment dans les villages et les villes. Un grand nombre périt dans le trajet. Ceux qui leur survivent suivent leur marche vers l'orient qui est le terme de leur voyage et de leur vie. D'autres bandes se dirigent vers la Suède et se noient dans le golfe de Bothnie.

Les animaux plus petits, les mollusques, les infusoires, voyagent en légions innombrables. Leur masse est telle qu'en plus d'un endroit elle change, comme on le sait, sur un vaste espace la couleur des eaux.

Ce qu'il y a de plus curieux dans la vie des insectes, c'est leur migration. Ils arrivent par essaims on ne sait d'où, dans des contrées où l'on ne les avait jamais vus, et continuent leur course sans que rien les arrête. Ils voltigent, sautillent, ou rampent. Les chenilles mêmes tentent de traverser les eaux. Ceux qui nous dégoûtent le plus sont ceux qui font les efforts les plus persistants pour se répandre de tous côtés. Il en est de ces insectes odieux qu'on ne connaissait pas en Europe au onzième siècle et qui y sont à présent très largement établis.

Le ver à soie au contraire résiste à toutes les tentatives que l'on fait pour le fixer en certains districts. Il ne peut s'éloigner des climats où grandit son mûrier. Originaire d'Asie, il donnait ses cocons à la Chine bien longtemps avant qu'on se doutât de son existence en d'autres contrées. Au sixième siècle, un moine apporta des œufs de cet insecte à Constantinople; de là naquit en Grèce une nouvelle industrie. Quand le Roi Roger conquit la Sicile, il y transporta le ver à soie. De la Sicile, on l'a conduit en des pays plus septentrionaux.

L'abeille affectionne particulièrement les régions de l'ouest. On ne la trouve plus au delà des monts Ourals et l'on a vainement essayé de la propager en Sibérie, notamment dans le district de Tobolsk. Inconnue en Amérique jusque vers la fin du dix-septième siècle, dès qu'elle y fut arrivée, elle s'y installa et s'y multiplia rapidement. Les Indiens l'appelaient *mouche anglaise* et la regardaient avec horreur, car elle leur indiquait l'approche de l'homme blanc. Maintenant encore elle est un des indices de la marche des colons vers l'ouest. D'abord on entend dans les forêts désertes le bourdonnement de l'abeille, puis le son de la hache du bûcheron, puis bientôt le dialecte allemand.

Les fourmis ont aussi leurs migrations. Quoique aux yeux de celui qui ne sait pas comprendre leurs mouvements elles semblent s'égarer au hasard, il est certain pourtant qu'elles ne s'égarent pas plus que les étoiles du ciel. Les fourmis noires dont les habitants de l'Inde orientale apprécient les services, voyagent en cohortes si serrées que le sol en est couvert comme d'un voile noir. Elles dévorent la verdure des champs et des forêts, puis elles entrent hardiment dans les habitations, pénètrent dans les cuisines, descendent à la cave, montent au grenier, explorent les fissures des murailles, et après leur expédition, il n'y a plus à l'endroit qu'elles ont visité ni insecte, ni rat, ni souris.

Bien différentes sont les migrations des redoutables sauterelles, cet ancien symbole des conquérants. Elles s'abattent sur la terre comme des nuages amassés par la colère du ciel. Leur sol natal est près des déserts du lointain Orient. Elles déposent leurs œufs dans le sable. Couvés à la chaleur du soleil, leurs petits se lèvent avant d'avoir des ailes; mais bientôt ils prennent leur essor à la première brise qui les favorise, et volent en tourbillons si compacts, que l'air en est obscurci, et qu'on entend au loin la vibration de leurs ailes. Elles s'en vont de l'est à l'ouest, traversent les mers, pénètrent jusque dans l'intérieur de l'Afrique. On les a même vues en Allemagne et en Écosse. Du sol le plus florissant elles font une lande désolée, car elles en détruisent infailliblement toute la végétation. De leurs irruptions résulte quelquefois une famine, et à l'endroit où elles périssent, leurs myriades de corps empoisonnent l'air et engendrent la peste. Les Juifs connaissaient ce fléau; les livres saints en ont fait une image terrible.

Dans un élément plus favorable à la locomotion, les animaux aquatiques sont sans cesse en mouvement. Les oiseaux les plus agiles, l'aigle et l'hirondelle, ne voyagent pas si aisément que le requin ou le hareng, qui dans leur fluide natal ne trouvent aucun obstacle. Les oiseaux, dans une longue traversée, sont souvent obligés de s'arrêter, et parfois ils se posent sur les mâts des navires. Les poissons au contraire semblent n'éprouver aucune fatigue. Des requins ont suivi de rapides bâtiments pendant toute la durée d'un voyage, attendant leur proie et jouant dans les flots.

Nous avons déjà parlé des migrations régulières de diverses espèces de poissons. C'est pour plusieurs contrées une grâce providentielle. La chasse au phoque est la principale ressource des Groenlandais. La pêche de la morue assure la subsistance des Islandais. La pêche du hareng occupe chaque année en Europe trois mille bâtiments pontés, sans compter une quantité d'embarcations, et alimente des millions d'hommes.

D'autres poissons présentent dans leur vie nomade de singulières particularités. Ainsi en hiver, les maquereaux plongent leur tête et la partie antérieure de leur corps dans la vase, et restent ainsi jusqu'au printemps où ils se relèvent et se mettent en marche pour aller déposer leurs œufs dans des eaux plus propices.

L'anguille est le plus étrange de tous ces animaux errants. Elle accomplit parfois une partie de son trajet par terre. En été, quand les marais où elle gît se dessèchent, elle en sort résolument, se glisse la nuit à travers les herbes touffues, et va chercher un autre lac. Elle est très avide de certaines plantes, notamment des bourgeons de pois. Quelquefois sa gourmandise l'entraîne à des excursions où elle tombe dans les pièges de l'homme. D'autres poissons voyagent aussi par bandes toute la nuit. La perche de Tranquebar saute sur le rivage, attirée par un coquillage qui se trouve sur un petit palmier. A l'aide d'un suc visqueux, elle se colle à l'écorce de cet arbuste; à l'aide de sa queue flexible, elle opère peu à peu son ascension, et un moment arrive où l'on peut voir le poisson et le coquillage posés à la cime d'un arbre.

Très sédentaires au contraire sont les êtres amphibies. L'alerte lézard, le crapaud, le serpent, le crocodile, en un mot toute cette classe d'animaux que l'homme ne peut voir sans une impression d'horreur ou de dégoût, ne s'écartent guère des lieux où ils ont été engendrés. Le crabe violet des Indes occidentales et de l'Amérique du Sud est le seul de ces animaux qui entreprenne de longs trajets. Il se tient une partie de l'année loin de la mer, tapi dans des cavernes. Au mois d'avril ou de mai, quand la chaleur du soleil pénètre dans sa rude et froide enveloppe, il sort de sa retraite, et par centaines, par milliers, toutes les tribus de crabes se mettent en marche comme une armée rangée en ordre de bataille. D'abord viennent les mâles robustes, puis les femelles serrées en colonnes sur un espace de soixante toises et quelquefois d'une demi-lieue. Pendant le jour, l'ardeur de la température les oblige à se réfugier à l'ombre, mais le soir ils rentrent en campagne, et le bruit de leurs carapaces résonnant comme la grêle, réveille les habitants du district qu'ils traversent. Instinctivement ils s'acheminent par la route la plus courte vers l'Océan, et rien ne les en détourne. S'ils rencontrent une maison, ils entrent tranquillement par la fenêtre et sortent de l'autre côté; si l'homme essaye de les arrêter, ils se mettent sur la défensive et étendent leurs larges pinces, en les ouvrant et les fermant bruyamment. Ce n'est que lorsqu'ils sont très effrayés qu'ils rompent leurs rangs et fuient de tous côtés. Puis bientôt ils se rejoignent et poursuivent leur voyage. Et ce pénible et aventureux voyage, il en est très peu qui aient la force de l'accomplir jusqu'à son dernier terme. La plupart périssent en chemin.

De même que l'élément liquide soutient l'agile poisson, de même l'air soutient les ailes de l'oiseau. Il n'y a qu'un très petit nombre d'oiseaux qui restent constamment dans la même contrée. La plupart, avec leurs merveilleux moyens de locomotion, vont à de longues distances chercher un refuge méridional contre la rigueur des climats du nord. Quelques-uns sont d'une nature essentiellement cosmopolite. Le corbeau existe non seulement dans toute l'Europe, mais sur les bords de la mer Noire et de la mer Caspienne. Il agite ses sombres ailes sous le ciel de l'Inde, sur les toits de Calcutta, sur les côtes du Japon, sur les plaines des États-Unis, et pénètre dans les contrées arctiques jusqu'à l'île Melville.

En général cependant les oiseaux ont une patrie déterminée, qu'ils abandonnent à des époques fixes pour trouver un nouvel aliment ou une température plus favorable à leur reproduction. Avec l'instinct dont la Providence les a doués, ils ne se laissent jamais abuser par un accident météorologique. Ils savent le temps où ils doivent partir et celui où ils doivent revenir. Cet instinct de migration, on le remarque même chez les oiseaux qui sont tenus en cage, qui ne souffrent point du manque de nourriture ni du changement des saisons. Ceux qui sont éclos dans l'intérieur d'une maison, qui ne se sont jamais associés à l'essor de leurs frères, ne peuvent entendre le chant de ceux qui partent sans éprouver une sorte de malaise; si on leur donnait la liberté, ils se mettraient en voyage avec la troupe nomade. Ces délicates petites bêtes, soutenues par la main de celui qui n'oublie pas le *passereau*, supportent la neige, la pluie, les orages, et surmontent des obstacles qui devraient arrêter les oiseaux les plus vigoureux et les plus résolus. En un temps déterminé, ils accomplissent leur trajet; en dépit du froid et du vent, ils reviennent à leur station pour récréer et réjouir le cœur de l'homme. Chaque espèce d'oiseaux a non seulement ses époques fixes de migration, mais aussi sa façon particulière de traverser l'espace. Les uns voyagent isolément, d'autres par milliers. La plupart voyagent de jour. Les oies sauvages se rangent en une longue colonne, les hirondelles en une large ligne et les cygnes forment une espèce de triangle. Les oiseaux qui n'ont que de petites ailes suivent pourtant leur énergique impulsion, traversent des mers et des continents, mais souvent tombent dans les rivières et s'efforcent de continuer leur route à la nage. L'un des plus curieux modes de locomotion est celui des cailles. Lorsqu'elles veulent quitter l'Europe pour se rendre en Afrique, elles attendent patiemment un fort vent de nord-ouest. Lorsqu'il souffle, elles agitent une de leurs ailes, relèvent l'autre et se faisant ainsi de la première une sorte de rame, de la seconde une voile, elles franchissent la Méditerranée. Souvent la fatigue les oblige à se reposer sur les mâts des navires; lorsqu'elles traversent la Méditerranée, elles font aussi des haltes régulières à Malte et aux îles Lipari; dans les mers du nord elles s'arrêtent à Helgoland et à Nordensée; les habitants de ces différents lieux comptent sur leur capture de cailles comme les Juifs de l'ancien temps. On raconte qu'autrefois, lorsqu'un prédicateur en faisant son sermon apercevait du haut de sa chaire une troupe de ces oiseaux désirés, il terminait aussitôt son allocution par ces paroles : « Amen, mes chers frères, voici les cailles. »

Remarquable aussi est la migration des cigognes qui, en été, nichent au nord de l'Europe sur les pauvres maisons de paysans, et en hiver stationnent sur les pyramides et les mosquées. Les grues et les hérons se retirent aussi vers les régions méridionales. Lorsqu'ils prennent leur vol, on entend au loin le bruit de leurs ailes, et ils s'élèvent si haut dans les airs que l'œil peut à peine les distinguer; ils ne voyagent pas en silence comme les autres oiseaux, mais en poussant des cris perpétuels, surtout la nuit, pour rallier ceux d'entre eux qui pourraient s'égarer.

Les pigeons de l'Amérique du Nord apparaissent en troupes innombrables; personne ne sait d'où ils viennent et on les trouve à travers tout le continent, depuis la baie d'Hudson jusqu'au golfe du Mexique, et depuis l'Atlantique jusqu'à l'océan Pacifique. Au temps de la couvée, ils se réunissent par millions pour chercher un gîte confortable et obscurcissent le ciel comme un nuage épais. On sait que les pigeons ont une faculté merveilleuse pour retrouver le lieu où ils sont nés. On a pris de ces oiseaux, qui n'avaient jamais été qu'à une courte distance de leur demeure; on les emportait sur des chemins de fer à plusieurs centaines de lieues, puis on les lâchait. Alors on les voyait tournoyer quelque temps en cercle, puis tout à coup se diriger en droite ligne avec une prodigieuse agilité vers leur nid. La rotondité de la terre ne leur permet pas cependant de le voir, et nul autre sens ne peut en cette occasion les aider : pourtant ils ne manquent jamais d'atteindre l'endroit où on les a pris.

Ainsi les oiseaux s'en vont de contrée en contrée, ceux-ci planant dans les airs, regardant sans s'y arrêter les grandes villes, dédaignant les vallées fertiles, se dirigeant en toute hâte vers le gîte qu'il vont chercher; d'autres, comme l'hirondelle, réjouissant à la fois l'Europe et l'Afrique. Les rossignols se rendent en famille du nord au sud, mais au printemps les femelles partent quelques semaines plus tôt et reviennent seules d'Égypte et de Syrie dans les contrées septentrionales. Dans la race des pinsons, les femelles seules émigrent, les mâles sont condamnés au veuvage tout l'hiver.

Les mammifères ne sont point d'une nature mobile comme les oiseaux et les poissons; en général ils ne s'écartent pas de certaines localités; cependant il en est qui, pressés par la faim ou tourmentés par des oiseaux de proie, s'en vont aussi chercher d'autres pâturages. Puis il en est que l'homme a conduits dans ses pérégrinations et propagés de contrée en contrée. Tels sont notamment les chevaux sauvages de l'Amérique du Sud, qui errent parfois à de longues distances. Les ânes sauvages vont aussi par centaines, l'hiver, de la zone des tropiques sous le climat plus chaud de l'Afrique méridionale. Les gazelles, les antilopes émigrent de la même manière, et les lourds éléphants errent en troupes nombreuses dans les plaines immenses. Le buffle des prairies de l'Amérique émigre régulièrement du nord au sud et de la plaine à la montagne. Les sources d'eau salée sont pour lui un point d'attraction, mais ses mouvements sont surtout déterminés par l'état des pâturages. Dès que le feu a été mis à une prairie et qu'un tendre gazon sort de terre après cet incendie, on peut être sûr d'y voir apparaître de nombreux troupeaux de buffles. Comment découvrent-ils que leur nourriture est préparée? C'est ce que nous ne saurions dire; probablement que des traînards de la bande ont vu cette nouvelle verdure et par quelque moyen mystérieux communiquent l'heureuse nouvelle à leurs frères affamés. Les singes souffrant de la faim ou poursuivis par leurs ennemis vont aussi d'une contrée à l'autre: on suppose même qu'ils ont traversé, par un tunnel, le détroit de Gibraltar.

Les animaux que nous désignons par le nom d'animaux domestiques n'ont voyagé que par la volonté de l'homme. Le cheval, qui provient des steppes de l'Asie centrale, et qu'on n'avait jamais vu en Amérique avant l'arrivée des Espagnols, se trouve à présent dans toute l'étendue du nouveau continent, depuis la baie d'Hudson jusqu'au cap Horn. C'est aussi par l'action de l'homme que les chèvres se sont répandues sur les montagnes rocailleuses, les brebis sur les collines et les vaches dans les prairies. Mais, en même temps, l'homme a aussi introduit avec lui, sans le vouloir, des animaux malfaisants dans les pays qu'il explorait. Le rat, qu'on ne connaissait point autrefois dans le nouveau monde, y a été porté dans les flancs des navires. A présent, il est plus commun en Amérique qu'en Europe.

Les animaux domestiques sont encore un présent que l'est a fait à l'ouest, un présent non moins précieux que celui des céréales. La vie matérielle de l'homme est en quelque sorte liée aux ressources que lui offrent le cheval, le bœuf, le mouton. La Plata subsiste presque entièrement du produit de ses bestiaux, et les progrès de l'Australie datent du jour où elle a eu des troupeux de moutons.

Maintenant, que dire des migrations de l'homme? Son histoire est plus obscure que celle des animaux qu'il emploie à son service; son Éden est vraiment défendu par un ange armé d'une épée flamboyante. On ignore le lieu où fut son berceau, et la première phase de sa vie est couverte d'un voile impénétrable. La révélation seule projette dans cette obscurité un rayon de lumière.

C'est surtout en démontrant les rapports de l'homme avec les animaux et les plantes, qu'on croit pouvoir reconnaître le lieu où fut sa première demeure, et démontrer l'unité de sa race. Comme les animaux qui sont ses compagnons proviennent tous des plateaux de l'Asie centrale, l'homme aussi doit être né là, mais à une époque où, à la place de ces hauteurs à présent sèches et stériles, s'étendait une belle, riche vallée. Les géologues sont portés à croire que ces montagnes se sont exhaussées peu à peu par une mystérieuse révolution, et qu'alors les races humaines se sont dispersées dans les plaines voisines.

A quelle époque cet événement s'est-il accompli? Nous ne pouvons le dire. Mais c'est bien au delà des temps indiqués par de vagues traditions, car les races les plus anciennes dont les fables, les mythes, les chants, les idiomes se rattachent à l'Orient, ont trouvé les régions où elles venaient s'établir occupées déjà par d'autres races.

Ainsi, quand les Celtes, ces antiques habitants du vieux continent, arrivèrent de l'orient, ils se rencontrèrent en Europe avec d'autres peuplades dont le langage grossier, les mœurs brutales et les superstitions attestaient une plus longue absence du berceau de la famille humaine. Les Celtes mêmes, ces premiers émigrants de l'Asie, avaient déjà perdu la foi de leurs aïeux, et déjà étaient tombés dans la barbarie.

Mais si de là on en vient à vouloir rechercher

l'origine des indigènes de l'Amérique, c'est une tâche bien plus confuse encore, c'est un problème où l'on n'a pas même pour se guider les lueurs de la révélation et les indices de la tradition. Que d'hypothèses n'a-t-on pas faites à cet égard depuis la plus absurde jusqu'à la plus spécieuse ! Des pauvres *peaux rouges* on a fait tantôt des Juifs proscrits, tantôt des Chinois exilés, et l'on a cru reconnaître les éléments de leur idiome tour à tour dans le sanscrit, dans le celte et le gaélique. Leurs légendes parlent vaguement d'une race primitive établie dans les fertiles plaines de l'orient, et subjuguée par une race plus intelligente et plus vigoureuse qui venait du nord. Le fait est qu'on reconnaît la différence de ces deux races par l'étude de leurs crânes. Mais on ne sait d'où venait la première, ni à quelle tribu appartenait la seconde. Comme la formation géologique du continent américain est plus ancienne que celle de l'Europe, on a supposé qu'il avait été occupé à une époque antérieure à l'histoire chrétienne par des peuplades qui auraient trouvé au nord-ouest un passage pour se rendre d'Asie en Amérique. Mais comment ces races n'auraient-elles pas amené avec elles quelques-uns de ces animaux domestiques qui composaient autrefois toute la richesse des peuples pasteurs? Que si, par quelque accident, elles avaient été obligées de se priver de cette ressource, comment, par suite de leurs primitives coutumes, n'auraient-elles pas essayé d'apprivoiser le buffle, la vigogne et l'alpaga, ainsi que le firent les Européens quand ils s'établirent en Amérique?

En dehors de cette énigme inexplicable, il reste un fait qui nous semble clairement démontré par les mythes, les traditions et la révélation, c'est que toutes les migrations des hommes, des plantes et des animaux viennent de l'orient. L'histoire même commence par l'apparition des races de l'est. Au sud de l'Europe, on voit venir les Pélages, puis les Étrusques et les Hellènes. Des plateaux des monts Waldaï descendent les Istonnes, les Finnois chassés vers l'ouest par les innombrables Teutons qui, plus tard, iront se jeter sur la Scandinavie, l'Allemagne et la France. Le même phénomène se renouvelle sans cesse. Des contrées de l'est débordent de nouvelles nations qui renversent des empires déjà organisés, jusqu'à ce que Colomb ouvre le nouveau monde à ces races asiatiques.

Ce mouvement de l'est à l'ouest se poursuit sans repos et sans trêve. C'est une des grandes lois de la nature. L'homme suit le cours du soleil ; l'orient est son berceau, l'occident son but.

FIN

TABLE DES MATIÈRES

LÉGENDE DES PLANTES. 1
Voyages et aventures des Plantes. 45
LÉGENDES DES OISEAUX. 79
Les ménages des Oiseaux. 81
De l'agrément et de l'utilité des Oiseaux. 93
Légendes des Oiseaux. 119
L'OCÉAN. 155
Les bienfaits de l'Océan. 157
Au fond de l'Océan. 187
LA NATURE EN MOUVEMENT. 223
Les rocs et les plantes. 225
Migration des animaux. 259

5794. — Imp. A. Lahure, 9, rue de Fleurus, à Paris.

BIBLIOTHÈQUE VARIÉE, FORMAT IN-18 JÉSUS, A 3 FR. 50 LE VOL.

About (Edmond). L'Alsace 1 vol. — Causeries. 2 vol. — La Grèce contemporaine. 1 vol. — Le progrès. 1 vol. — Le turco. 1 vol. — Madelon. 1 vol. — Théâtre impossible. 1 vol. — A B C du travailleur. 1 vol. — Les mariages de province. 1 vol. — Le mari imprévu. 1 vol. — Les vacances de la comtesse. 1 vol. — Le marquis de Lanrose. 1 vol. — Le fellah. 1 vol. — L'infâme. 1 vol. — Salons de 1864 et de 1866. 2 vol.
Albert (Paul). Chefs-d'œuvre de tous les temps et de tous les pays: la poésie. 1 vol.; la prose, 1 vol. — La littérature française des origines à la fin du XVIIIe siècle. 3 vol. Variétés littéraires. 1 vol.
Barrau. Histoire de la Révolution française. 1 vol.
Baudrillart. Économie politique populaire. 1 vol.
Berger. Histoire de l'éloquence latine. 2 vol.
Bersot. Mesmer et le magnétisme animal. 1 vol. — Études et discours (1868-1878). 1 vol.
Boissier. Cicéron. 1 vol. — La religion romaine. 2 vol. — Promenades archéologiques 1 vol.
Bréal. Quelques mots sur l'instruction. 1 vol.
Byron (Lord). Œuvres. Trad. B. Laroche. 4 vol.
Caro. Études morales. 2 vol. — L'idée de Dieu. 1 vol. — Le matérialisme et la science. 1 vol. — Les jours d'épreuve. 1 vol. — Le pessimisme. 1 vol. La philosophie de Gœthe 1 vol.
Cervantès. Don Quichotte, trad. Viardot. 2 vol.
Chateaubriand. Le génie du christianisme. 1 vol. — Les martyrs et le dernier des Abencerrages. 1 vol. — Atala, René, les Natchez. 1 vol.
Cherbuliez (Victor). Le comte Kostia. 1 v. — Paule Méré. 1 vol. — Roman d'une honnête femme. 1 vol. — Prosper Randoce. 1 vol. — L'aventure de Ladislas Bolski. 1 vol. — La revanche de Joseph Noirel. 1 vol. — Meta Holdenis. 1 vol. — Miss Rovel. 1 vol. — Le fiancé de Mlle Saint-Maur. 1 vol. Samuel Brohl et Cie. 1 vol. — L'idée de Jean Têterol. 1 vol. — Amours fragiles. 1 vol. — Études de littérature et d'art. 1 vol. — Le grand œuvre. 1 vol. — L'Espagne politique. 1 vol.
Dante. La divine comédie, trad. Fiorentino. 1 vol.
Deschanel (Em.). Études sur Aristophane. 1 vol.
Despois (D.). Le théâtre sous Louis XIV. 1 vol.
Du Camp (Maxime). Paris, ses organes, ses fonctions, sa vie. 6 vol. — Souvenirs de l'année 1848. 1 vol. — Histoire et critique. 1 vol.
Duruy. Introduction à l'histoire de France. 1 vol.
Duval (Jules). Notre planète. 1 vol.
Ferry (Gabriel). Le coureur des bois. 2 vol. — Costal l'Indien. 1 vol.
Figuier (Louis). Histoire du merveilleux. 4 vol. — L'alchimie. 1 vol. — L'année scientifique (1856-1882). 25 vol. — Le lendemain de la mort. 1 vol. — Savants illustres de l'antiquité. 2 vol.
Flammarion (C.). Contemplations scientifiques. 1 v.
Fléchier. Les grands jours d'Auvergne. 1 vol.
Fouillée. L'idée moderne du droit en France. 1 vol.
Fustel de Coulanges. La cité antique. 1 vol.
Garnier (Ad.). Traité des facultés de l'âme. 3 vol.
Garnier (Ch.). A travers les arts. 1 vol.
Girard (J.). Études sur l'éloquence attique. 1 v.
Gréard. De la morale de Plutarque. 1 vol.
Guizot (F.). Un projet de mariage royal. 1 vol. — Le duc de Broglie. 1 vol.
Hauréau (B.). Bernard Délicieux. 1 vol.
Hillern (Mme de). La Fille au Vautour. 1 vol.
Hugo (Victor). Odes et ballades. 1 vol. — Orientales, Feuilles d'automne, Chants du crépuscule. 1 vol. — Les voix intérieures, les rayons et les ombres. 1 vol. — Les contemplations. 2 vol. — Légende des siècles. 1 vol. — L'année terrible. 1 vol. — Les chansons des rues et des bois. 1 vol. — Théâtre. 4 vol. — Notre-Dame de Paris. 2 vol. — Bug-Jargal. 1 vol. — Han d'Islande. 2 vol. — Les misérables. 5 vol. — Les travailleurs de la mer. 2 vol. — Le Rhin. 3 vol. — Littérature et philosophie. 2 vol. — William Shakespeare 1 vol.
[illegible]deville (d'). Journal d'un diplomate. 3 vol.
Jacquin. Les chemins de fer en 1870-71. 1 vol
Jouffroy. Cours de droit naturel. 2 vol. — Co[urs] d'esthétique. 1 vol. — Mélanges philosophiques. 1 v — Nouveaux mélanges philosophiques. 1 vol.
Jurien de la Gravière (L'amiral). Souvenirs d'[un] amiral. 2 vol. — La marine d'autrefois. 1 vol. La marine d'aujourd'hui. 1 vol.
Lamartine (A. de). Méditations poétiques. 2 vo[l] — Harmonies poétiques. 1 vol. — Recueillements poétiques. 1 vol. — Jocelyn. 1 vol. — La chute d'u[n] ange. 1 vol. — Voyage en Orient. 2 vol. — Confi[-] dences. 1 vol. — Nouvelles confidences. 1 vo[l] — Lectures pour tous. 1 vol. — Souvenirs[,] portraits. 3 vol. — Le manuscrit de ma mère 1 vol. — Histoire des Girondins. 6 vol. — Hi[s]toire de la Restauration. 8 vol.
Laugel. Discours et écrits politiques. 1 vol. — L'[An]gleterre politique et sociale. 1 vol.
Laveley. Études et essais. 1 vol. — La Prusse. 2 vol
Lee Childe. Le général Lee. 1 vol.
Lehugeur. La chanson de Roland. 1 vol.
Lenient. La satire en France. 2 vol.
Malherbe. Œuvres poétiques. 1 vol.
Marmier (Xavier). Gazida. 1 vol. — Hélène et Su[-] zanne. 1 vol. — Histoire d'un pauvre musici[en] 1 vol. — Le roman d'un héritier. 1 vol. — [Les] fiancés du Spitzberg. 1 vol. — Mémoires d'[un] orphelin. 1 vol. — Sous les sapins. 1 vol. — [En] recherche de l'idéal. 1 vol. — Les hasards de l[a] vie. 1 vol. — En Alsace. 1 v. — Robert-Bruc[e] 1 vol — Les âmes en peine. 1 v. — Voyages. 4 v
Martha. Les moralistes sous l'empire romain. 1 vol — Le poème de Lucrèce. 1 vol.
Maunoir et Duveyrier. L'Année géographiqu[e] (1876-1879). 3 vol.
Michelet. L'insecte. 1 vol. — L'oiseau. 1 vol.
Montégut. Tableaux de la France: Bourgogn[e,] Bourbonnais, Forez et Auvergne. 3 vol.
Nisard. Les poëtes latins de la décadence. 2 vol.
Ossian. Poëmes gaéliques. 1 vol.
Patin. Études sur les tragiques grecs. 4 vol. Études sur la poésie latine. 2 vol.
Prévost-Paradol. Études sur les moralistes fran[-] çais. 1 vol. — Essai sur l'histoire universelle. 2 v
Saint-Simon. Mémoires et Table. 21 vol.
Sainte-Beuve. Port-Royal. 7 vol.
Saintine (X.-B.). Le chemin des écoliers. 1 vol. Picciola. 1 vol. — Seul! 1 vol.
Sévigné (Mme de). Lettres. 8 vol.
Shakespeare. Œuvres, traduction Montégut. 10 v
Simon (Jules). La liberté politique. 1 vol. — La l[i]berté civile. 1 vol. — La liberté de conscience. 1 v — La religion naturelle. 1 vol. — Le devoir. 1 v — L'ouvrière. 1 vol. — L'école. 1 vol. — La forme de l'enseignement. 1 vol.
Simonin. Le monde américain. 1 vol. — Les gran[ds] ports de commerce de la France. 1 vol.
Taine (H.). Essai sur Tite Live. 1 vol. — Essais critique et d'histoire. 1 vol. — Nouveaux ess[ais] 1 vol. — Histoire de la littérature anglaise. 5 vo[l] La Fontaine et ses fables. 1 vol. — Les phil[oso]phes français au XIXe siècle. 1 vol. — Voyage [aux] Pyrénées. 1 v. — M. Graindorge. 1 vol. — Notes [sur] l'Angleterre. 1 vol. — Un séjour en Fran[ce de] 1792 à 1795. 1 vol. — Voyage en Italie. 2 vol.
Topffer (R.). Nouvelles genevoises. 1 vol. — [Rosa] et Gertrude. 1 vol. — Le presbytère. 1 vol.
Traductions des chefs-d'œuvre des litté[ra]tures grecque et latine. 37 vol.
Villehardouin. Conquête de Constantinople. 1 vol
Vivien de Saint-Martin L'année géographiqu[e] 14 années (1863-1875). 13 vol.
Wallon. Vie de N.-S. Jésus-Christ. 1 vol. — [La] sainte Bible. 2 vol. — La Terreur. 2 vol. — Jeann[e] d'Arc. 2 vol.
Wey (Francis). Dick Moon. 1 vol. — Les Anglai[s] chez eux. 1 vol. — Petits romans. 1 vol. Chronique du siège de Paris. 1 vol.

5734. — Imprimerie A. Lahure, rue de Fleurus, 9, à Paris.

www.ingramcontent.com/pod-product-compliance
Ingram Content Group UK Ltd.
Pitfield, Milton Keynes, MK11 3LW, UK
UKHW021853190726
13855UKWH00001B/297